KB136032

썰방별곡

문화유산 빅픽처 대발견

신기방기 동감 100배
썰방별곡說訪別曲
문화유산 빅픽처 대발견

4차 산업혁명시대, 품질경영으로 발굴한
우리 문화유산에 숨겨진 흥미롭고 놀라운 이야기

2018년 11월 1일 초판 1쇄 발행

지은이 신동설
펴낸이 안호헌
아트디렉터 박신규
교정·교열 김수현

펴낸곳 도서출판 흔들의자
출판등록 2011. 10. 14(제311-2011-52호)
주소 서울 강서구 가로공원로84길 77
전화 (02)387-2175
팩스 (02)387-2176
이메일 rcpbooks@daum.net(편집, 원고 투고)
블로그 http://blog.naver.com/rcpbooks

ISBN 979-11-86787-14-4 03000

* 이 도서의 국립중앙도서관 출판예정도서목록(CIP)은 서지정보유통지원시스템 홈페이지(http://seoji.nl.go.kr)와
국가자료공동목록시스템(http://www.nl.go.kr/kolisnet)에서 이용하실 수 있습니다.(CIP제어번호: CIP2018031727)

4차 산업혁명시대, 품질경영으로 발굴한
우리 문화유산에 숨겨진 흥미롭고 놀라운 이야기

경영학 박사 신동설 지음

썰방별곡 說訪別曲
說썰은 말씀을 뜻하는 說(설)에서 변화된 것으로 이야기를 뜻함.
訪방은 찾다, 탐구하다, 살펴보다, 방문하여 찾아보다 란 뜻의 찾을 방(訪).
別曲별곡은 우리나라 고전 문학 시가의 하나. 관서별곡, 미인별곡, 관동별곡에서 따옴.

서문

문화유산, 답사를 넘어 그 속에 숨겨진 빅픽처 대발견

우리 민족은 수천 년의 오랜 세월 동안 문화민족의 금자탑을 쌓아왔다. 수많은 외세침략에도 굴하지 않고 슬기롭게 극복할 수 있는 엄청난 에너지를 우리 후손에게 문화유산과 정신적 자긍심으로 물려주신 것이다.

선조들은 문화유산 속에 우리가 모르는 숨겨진 비밀의 큰 그림, 즉 빅픽처를 제시하였다. 미래에 후손들이 이룩하고 달성해야 될 비전과 DNA를 제시한 것으로 그 비밀의 열쇠를 대발견한 것이다.

과연 어떻게 빅픽처를 풀고 대발견 했을까? 비결은 첫째 관심에서 비롯되었다. 관심은 사랑과 자비심이다. 둘째는 호기심으로 화성탐사선의 이름이며 21세기 화두가 호기심인 것이다. 셋째는 감동, 감동을 통해서 엔도르핀과 다이돌핀이 나온다. 이러한 세 가지 화두를 통해 선조들이 문화유산 속에 숨겨 둔 밑그림을 발견하게 된 것이다.

한국의 문화유산은 자연 친화 재료인 나무와 흙, 볏짚, 돌 등을 사용하였기에 세월이 지나면 저절로 자연으로 사라지는 아쉬운 속성이 있다. 따라서 현재까지 유산이 남아 있다는 것은 기적이며 보물중의 보물이기 때문에 소중히 음미하여 비밀의 열쇠를 풀고 유 · 무형의 유산을 보존하고 후손에게 물려주어야 한다.

필자는 경영컨설턴트로서 우리나라 기업의 경쟁력을 향상시키기 위해 강의와 자문 등 수많은 출장과 여행을 통하여 틈나는 대로 여러 뜻 깊은 문화유산을 답사하고 음미하고 체험할 수 있는 기회를 갖게 되었다.

남다른 애착을 통하여 문화유산을 경영학적이고 과학적으로 접근하여 숨겨진 빅픽처를 대발견하게 되었다. 머리에서 몸으로, 단순한 생각에서 직접 느끼는 감성과 실증으로 이해하고 발견하게 된 것이다.

선조의 문화유산 DNA를 찾기 위해 마치 타임머신을 타고 과거에서 미래로 여행한 것이다. 놀라운 발견을 관심 있는 많은 사람들과 공유하여 삶의 지혜와 긍지를 높이고자 하였다.

현재 세계에서 가장 높은 빌딩인 버즈 두바이 타워 162층 빌딩을 우리나라 기업이 건설할 수 있었던 원동력은 어디에서 온 것일까? 이는 지금부터 1,400여 년 전인 신라 선덕여왕 시절, 서기 645년에 세계 최고 목탑인 80m의 황룡사 9층 목탑을 건설하였는데 바로 이런 위대한 선조의 DNA가 우리 후손들의 피 속에 잠재되었기 때문에 가능했던 것이다.

또한 고조선 청동거울인 국보 제141호 다뉴세문경의 흰빛을 필자가 본 순간 어떠한 표현도 불가능할 정도로 경이로움과 찬란함을 느낄 수 있었다. 다뉴세문경은 지름 21.2㎝(212㎜)에 머리카락 두께인 높이 0.07㎜, 폭 0.22㎜ 선 13,300개로 현재의 컴퓨터 기술로도 복원하기가 불가능한 세밀한 직선의 동심원이 빈틈없이 절묘하게 새겨져 있었다.

어떻게 우리 선조들은 2,400년 전에 이와 같이 놀라운 정밀 품질기술을 확보 하였을까? 선조의 문화유산 DNA가 현재 첨단의 반도체 기술에 접목되어 세계 최고가 될 수 있도록 한 원동력이 된 것은 아닌가? 보이지 않는 사찰과 많은 건축물들이 당간지주를 통해 보이지는 않으나 상징적으로 볼 수 있도록 하여 안 보이는 부분도 중요하다는 것을 이해하게 된다.

이와 같이 문화유산을 경영적으로 접근한 내용을 월간 품질경영지에 나의 품질 유산 답사기(Quality in history)라는 칼럼으로 2년간 매월 기고한 내용이 계기가 되어 이 저서를 출판하게 되었으며 우리 문화유산의 장점과 놀라움을 접할 수 있는 좋은 계기가 되었으면 한다.

세월은 과거에서 현재와 미래로 흘러간다. 우리가 영원히 유지하고 계승해야 될 정교한 기술과 규모는 물론 배치의 철학과 예술적 아름다움을 함께 발굴하여 찾아내고 민족의 자긍심을 높이고 국운 융성과 국가 경쟁력 확보의 기회가 되길 바란다.

신동설

목차

II
예술경영 문화유산

III 가치경영 문화유산

IV 과학경영 문화유산

1. 2천 4백 년 전 고조선 다뉴세문경의 첨단 기술 비밀

2. 국보1호 숭례문 화재로 보는 국가 품질 손실 비용

3. 당간지주를 통해 본 보이지 않는 품질

4. 천불천탑의 비밀과 운주

V 감동경영 문화유산

1. 존경받는 기업으로 가는 '참 품질' 패러다임

2. 풍수風水품질의 극치 남연군묘南延君墓

3. 인왕산仁王山 선禪바위의 신비한 품질

4. 불가사의한 금개구리(금와 金蛙)의 품질

5. 1,224m 적멸보궁 뇌사리 정골탑

그곳에 가다 서다 머물다

I. 건축경영 문화유산

1. 국가품질의 집대성 조선의 법궁 경복궁景福宮

궁궐중의 궁궐, 조선의 법궁 경복궁의 창건 배경

태조 이성계는 조선 건국 3년째인 1394년에 수도를 개경에서 한양으로 천도한 후 신도궁궐조성도감新都宮闕造成都監을 열어 이듬해 1395년 경복궁을 창건하였다. 처음에는 755칸으로 시작되어 역대 왕들에 의해 지속적으로 확장되고 중건되어 7,418칸에 이르게 된 것이다. 궁의 이름은 시경詩經에 나오는 왕조의 큰 복을 빈다는 뜻으로 '군자만년개이경복'君子萬年介爾景福에서 비롯되었다.

경복궁의 위치는 풍수지리설에 입각하여 도성의 북쪽 북악산을 한 주산主山으로 하여 전면에는 넓은 시가지가 전개되고 그 앞에 안산案山인 남산을 두고 내수內水인 청계천과 외수外水인 한강이 흐르는 최대의 명당 터를 잡았다. 좌묘우사左廟右社의 원칙에 따라 궁의 왼쪽으로 종묘가 오른쪽에 사직단을 자리 잡아 고대부터 내려오는 도성의 건물배치의 기본 형식을 따랐다.

궁성의 둘레는 1만 여 척에 궁의 주요 건물들은 모두 남향으로 되어 있다. 건물의 배치는 전조후침前朝後寢으로 앞부분엔 정전과 편전들이 놓이고 뒷부분에 침전과 후원을 갖추고 있어 조선조의 정궁인 법궁으로써 엄격한 규범을 보이고 있다. 궁 정면에는 광화문이 있고 동 · 서쪽에 건춘建春 · 영추迎秋의 두 문이 있으며 북쪽엔 신무문이 있다. 광화문 안에는 흥례문이 있고 그 안에 개천 어구御溝를 건너면 근정문, 문을 들어서면 정전인 근정전이 우뚝 솟아 있으며 근정전 뒤에는 왕이 정사를 보는 사정전, 동 · 서쪽에 만춘전萬春殿, 천추전千秋殿이 남향으로 놓여 있다.

광화문에서 바라본 흥례문 전경

사정전 뒤 향오문嚮五門을 들어서면 침전인 강녕전, 그 앞 동서 양쪽에 연생전 · 경성전이 있으며 강녕전 뒤에는 양의문兩儀門, 문안에 왕비가 거처하는 교태전交泰殿을 두었다. 결국 경복궁은 조선의 정치 · 경제 · 사회 · 문화 · 건축 · 예술 등 모든 분야의 총체적 기술의 집약과 국가 품질의 결정체라고 할 수 있다.

대원군의 경복궁 중건과 궁궐의 위용

그토록 웅장하고 아름답던 최고의 궁궐인 경복궁은 선조 25년 임진왜란 중 1593년 대화재로 인해 전소되는 대참사가 발생되었다. 결국 엄청난 규모의 궁궐을 복구하지 못한 채 273년 간 폐궁 상태에 이르게 되었으나 고종의 부친인 대원군이 대대적인 복원공사를 1865년 단행하였다. 공사를 한 지 3년 후인 1868년에 7,225칸 건물의 규모와 궁성의 담장 길이 만 1,767칸에 이르는 화려하고 웅장한 경복궁을 복원하게 되었다.

복원을 위해 흥선대원군은 당백전當百錢을 발행하여 727만 7,784냥과 종실에서 34만 913냥, 왕실에서 11만냥 백미 824석을 내어 모두 773만 6,898냥에 이르는 엄청난 국가적 재정지원으로 복원된 것이다. 커다란 건물만도 300여 동에 이르며 군소 건물까지 합한다면 880여 동의 엄청난 궁궐로 재탄생하게 되었고 경복궁 중건을 계기로 대원군은 왕권을 장악하게 되었다.

경복궁의 대표적 건물인 근정전, 경회루와 정문인 광화문

근정전勤政殿은 경복궁을 대표하는 가장 큰 건물로 국왕의 즉위식이나 공식적인 대례大禮를 행사하는 정전正殿으로써 앞면의 길이만 30m에 정면 5칸, 측면 5칸이고 지붕은 중층으로서 육중한 돌 기단 위에 세워져 있다. 지붕은 용무늬의 청기와가 쓰였고 내부의 천정에는 용의 발톱이 7개로(중국 황제는 5개) 황룡 두 마리가 조각돼 매달려 있어 최고의 권위를 상징하였다. 기단은 2층으로 각 방위에는 12지支 석상이 조각되어 있으며 정면에는 신하를 직책에 따라 배열하는 품계석과 널찍한 박석이 깔린 넓은 명당이 있다.

경복궁 정전인 근정문(30.14m)의 위용

광화문 천장에 묘사된 현무(북쪽을 상징하는 거북이 몸과 뱀의 머리)

경복궁 금천교인 영제교 옆의 석수인 천록

근정전과 명당 주변 4면에는 회랑이 둘러싸여 있어 근정전 내부와 외부 공간을 차단함으로써 근정전 내부를 근엄하고 신성한 분위기로 만들어 주고 있다. 근정전을 중심으로 4면이 회랑으로 둘러싸여 있는 공간 배치는 한국 고대로부터 내려온 전통적인 건축 형식으로 동서남북의 수호신인 청룡, 백호, 주작 그리고 현무를 상징하며 근정전을 포함하여 5방위를 이루게 된다. 왕은 4면을 지키는 신들의 호위를 받으며 하늘의 뜻을 모든 백성들에게 펼친다는 의미를 갖고 있다.

1412년 태종은 우리나라에서 가장 큰 정자인 경회루를 건축하였는데 경회루는 경복궁 안에서도 가장 운치 있는 공간일 뿐만 아니라 건물 규모에 있어서도 근정전을 제외하고는 가장 큰 규모로 경복궁의 대표적인 건물로 손꼽히고 있다. 경회루 연못을 짓기 위해 파낸 흙으로 침전 뒤편에 인공산인 아미산峨嵋山을 만들었다.

경회루는 외국 사신들의 접대 장소와 과거시험장 그리고 집현관들의 강의 장소 등으로 이용되었다. 네모반듯한 연못에 세 개의 섬을 만들고 다시 그 섬 위에 높은 누樓를 올린 독특한 공간 형태를 이루고 있는데 이러한 형태는 동양철학을 바탕으로 사각형 연못 속의 세 개의 섬은 한국의 전통 사상인 삼신사상三神思想을 근원으로 하고 있다.

경회루의 평면 형태는 정면 7칸間, 측면 5칸의 총 35칸으로 이루어져 있다. 1층이 전체적으로 48개의 돌기둥으로 구성되어 있으며 이 기둥 상부에 목조 기둥과 마루를 올린 구조이다. 근정전이 정치를 집행하기 위한 공간이라면 경회루는 인간의 희망을 성취시켜 주는 환희의 공간을 만든 것이다.

국내에서 가장 큰 정자인 국보224호 경회루

향원지 내에 취향교로 연결된 아름다운 정자 보물1761호 향원정

광화문光化門은 1395년에 경복궁의 정문으로 웅장하게 건축되었다. 서경書經에 이르기를 광피사표 화급만방光被四表 化及萬方, 즉 빛이 사방에 펼치고 교화가 만방에 미친다는 뜻으로 왕의 큰 덕이 온 나라를 비춘다는 의미의 광화문으로 이름을 지었다. 기단의 석축부에는 세 개의 웅장한 홍예문과 2층 누각으로 광화문 앞의 양쪽에는 한 쌍의 해치 조각상과 월대를 배치하여 왕권을 상징했고 경복궁의 정문으로써 이 문을 통하여 왕과 백성의 세계를 구분하고 소통하도록 하였다.

1395년 완공된 경복궁의 정문 광화문으로 1865년과 2010년 8월 재 준공

일제에 의한 경복궁의 철저한 파괴

1895년에 경복궁 안의 건청궁乾淸宮에서 고종의 왕비인 명성황후明成皇后가 시해되는 사건이 발생되고 고종은 경복궁에 온 지 27년째인 1896년에 러시아 공관으로 피난하여 거처를 옮기게 되었다.

이후 1910년 일본에 의해 국권을 상실하게 되자 일본인들은 경복궁 안에 있는 4,000여 칸의 건물을 헐어서 민간에 방매하고 1917년에는 창덕궁의 내전에 화재가 발생하자 경복궁의 교태전 · 강녕전 · 동행각 · 경성전 · 연생전 등의 주요 건물을 철거하여 그 재목으로 창덕궁의 대조전, 희정당 등의 내전을 지었다.

정문인 광화문을 건춘문 북쪽으로 이전하고 근정전의 정면 앞에 동양 최대의 석조 건물인 조선 총독부청사를 건설하여 일반 국민이 경복궁을 볼 수 없도록 함으로써 경복궁의 최대 비극이 시작되었다.

또한 동궁인 자선당 자리에도 석조건물이 들어서고 건청궁乾淸宮 자리에는 미술관을 지어 경복궁의 옛 모습을 거의 상실시킨 것이다. 1945년 광복 후 총독부청사는 정부청사로 이용되었으며 1986년에는 국립중앙박물관이 구 총독부청사 건물로 이전되었으나 경복궁은 제 모습을 찾기 어려웠다.

국가적 숙원사업인 경복궁의 1차 복원과 향후 복원계획

문화재청은 1990년부터 2009년까지 20년간 총 1,789억 원을 투입해 그동안 일제에 의해 철저히 파괴된 경복궁을 침전, 동궁, 흥례문, 태원전, 광화문 권역 등 5개 권역으로 나누어 1차적으로 복원하였다.

복원의 기준 연도는 최종 경복궁 완공 시점인 고종 때인 1888년으로 하였다. 정부수립 후 중앙청과 국립중앙박물관으로 사용되던 총독부 건물을 1995년에 철거하였으며 근정전 뒤쪽 왕과 왕비의 침전인 강녕전 등 12개 동 794평과 근정전 동쪽 세자의 동궁권역의 자선당 등 18개 동 352평을 1999년에 복원하였다. 조선총독부 터에는 흥례문, 유화문, 기별청, 영제교 등 6동을 2001년에 복원하였다.

군부대가 주둔했던 경복궁 서북쪽에는 태원전 권역의 25개 동 469평을 2005년에 복원 완료하고 2010년에는 광화문을 원래 모습인 목조 건물로 복원 완료하였으나 이는 고종 당시의 건물 수 25%인 125동만이 복원된 것이다. 따라서 원래의 경복궁은 규모를 포함한 모든 면에서 상상이 가지 않는 엄청난 국가 품질의 집대성이었다.

문화재청은 경복궁 2차 복원계획을 2011년부터 2045년까지 3,000억 원을 투입, 종합복원 정비 사업을 진행할 예정으로 복원계획은 궁궐의 생활 및 문화 환경에 초점을 맞추었다. 급증하는 관광객과 환경개선, 복원 후 활용 등의 문제점으로 당초 복원 계획보다 축소 조정하게 되었다.

1단계는 2011년부터 2021년까지 10년간 궁중생활권역 복원으로 소주방 영역 17동과 흥복전 영역 11동을 포함한 기단초석 및 유구정비 등 28동을 복원하고, 2단계는 2019년부터 2026년까지 제왕교육과 궁중군사권역 복원으로 동궁영역 2동, 오위도총부 영역 10동과 별감방 등 14동을 복원할 계획이다. 3단계는 2026년부터 2034년까지 영추문 영역 2동과 궐내각사 영역 12동, 국별장 등 14동을 복원하고, 4단계는 2031년부터 2042년까지 궁중의례권역인 신무문 영역 2동, 문경전 영역 7동과 민속국립박물관 철거, 선원전, 희안전 등 23동을 복원, 5단계는 2040년부터 2045년까지 궁중 방어권역 복원으로 서십자각을 포함하여 궁중을 복원할 예정이며 총 예산은 3천억 원 규모다.

이와 같이 5단계 2차 복원이 완료되면 1차 복원시 125동을 포함하여 약 200여 동 규모로 복원될 예정이나, 고종 당시 전각 수준의 40% 수준에 그쳐 당초 계획 보다 축소 복원될 예정으로 향후에 복원 예산 및 시간 등을 고려하여 복원이 다소 조정될 것으로 보인다.

고종 당시 중건된 경복궁 조감도
(500여 동 건물)

국가 품질의 집대성, 경복궁의 긍지와 품질 DNA

경복궁은 518년 조선왕조의 법궁은 물론 선조가 후손에게 남겨준 소중한 문화유산이다. 우리 국민의 얼굴이며 대한민국이 영원토록 유지하고 후손만대에 계승하여 할 보물중의 보물이다. 규모면에서는 물론 아름답고 화려한 궁궐로써 세계에서 제일 가는 것임에 틀림없다. 특히 정교한 건축 기술과 배치의 철학 그리고 예술적인 아름다움과 정치와 문화 사회 등 모든 분야의 국가적 품질의 집대성을 이룩한 선조의 품질 DNA를 통하여 많은 교훈을 얻게 된다. 향후 대한민국이 국운 융성의 계기와 선진국으로 발전하는데 커다란 원동력이 될 것이라 믿는다.

경복궁의 광화문과 흥례문 사이 넓은 광장

2. 황룡사 9층 목탑에서 품질유산을 보다

경주 황룡사지黃龍寺址에서 받은 충격

필자는 20여 년 전, 경남창원시에서 S기업을 1년간 상주하며 컨설팅을 하고 있었다. 문화유산 품질에 대한 많은 관심 때문에 주말에 시간을 내어 경주 황룡사지를 찾게 되었다. 그때는 황룡사 발굴 막바지 단계이었으며 10여 년 간 발굴에 대한 내용을 책임자로부터 설명을 들을 수 있는 좋은 기회를 갖게 되었고 상당한 충격을 받았다. 그것은 지금까지 내가 알고 있었던 우리 문화가 강대국에 비해 왜소하거나 초라할 것이라는 나의 선입견이 크게 잘못되었다는 사실을 알았기 때문이다.

발굴하면서 쌓아올린 흙 무덤위에 올라가 광활한 대지 위에 펼쳐진 황룡사 전체의 모습을 보았을 때, 숨이 멎을 듯한 충격은 지금도 생생하다. 어떻게 1,400년 전에 저렇게 웅장한 대가람을 완성하고 80m에 이르는 9층 목탑을 건축할 수 있었을까? 실로 우리 선조들의 위대한 기상과 탁월한 기술 그리고 놀라운 안목의 DNA를 만나는 순간이었다.

황룡사 9층 목탑 건립 후 삼국을 통일하다

신라3보 가운데 하나인 황룡사 9층 목탑은 지금부터 1,400여 년 전 선덕여왕 12년인 서기 643년에 탑을 건축하여 645년에 탑이 완공 되었다. 자장법사가 당나라에서 구한 불경과 불상, 사리, 가사와 폐백 등을 가지고 신라로 귀국한 뒤 선덕여왕에게 요청하여 최고의 목탑 건설을 의뢰하였다. 당시 조정 대신들의 의견은 당대 최고의 건축기술을 보유하고 있는 백제에 의뢰하는 것이 바람직하다고 하여 신라 왕실의 요청에 의해 백제 장인들을 모셔오게 되었다.

황룡사 9층 목탑의 가운데 심초석(30톤)

백제의 아비지와 200명의 장인은 세계 최대의 80m(225척: 현재 28층 건물 높이) 목탑을 세우게 되었고, 신라는 이웃나라가 침범하는 재앙을 신앙의 힘으로 물리치기 위하여 1층부터 9층까지 설립하게 되었다. 1층은 일본, 2층 중화, 3층 오월, 4층 탐라, 5층 응유, 6층 말갈, 7층 거란, 8층 여진, 9층 예맥을 물리친다는 의미를 부여하여 건립된 것이다.

결론적으로 9층 목탑을 세운 후 신라는 삼국을 통일하는 위업을 달성하게 되었다. 그 후 황룡사 9층 목탑은 위용과 자태를 유지하며 고려왕조에 이르기까지 600여 년 간 제자리를 지키고 있었었다. 하지만 서기 1238년 고려 고종 때 몽고 침입의 병화에 안타깝게도 소실되어 현재는 경주 황룡사 목탑지에 22.2m의 장방형 건평 150여 평에 64개의 주춧돌과 심초석(30톤)만이 남아 있다. 그러나 최근에 국민들의 높은 문화의식과 경제력의 성장에 힘입어 2034년 경에는 1,000억 원의 예산으로 원래 모습대로 복원할 것을 준비하고 있다.

황룡사 복원 추정 조감도

누구도 넘볼 수 없는 웅장한 황룡사 9층 목탑의 정교한 위용

신라의 수도인 서라벌(경주)은 광활한 분지로 되어 있기 때문에 거의 모든 곳에서 80m의 목탑을 바라볼 수 있도록 설계되었다. 따라서 국민의 통일 염원이 목탑에 모이는 구심점을 이룸으로써 삼국통일이 가능했던 것이다. 국민의 마음과 9층 목탑의 유산은 마치 정신과 육체가 결합되어 혼연일체가 되는 시너지를 창출한 것이다.

현재 세계 기네스북에 등재된 현존하는 세계에서 가장 오래되고 최고 높은 목탑은 서기 1056년 요나라 때 건립된 중국 산서성 응현의 불궁사 목탑으로 높이가 63m(기단부 4m 포함 67m), 3천 톤에 이르는 목재로 지어진 대규모 탑이다. 이 탑과 비교해 볼 때 황룡사 9층 목탑은 한 단계 뛰어 넘는 우수한 탑으로 평가되고 있다. 목탑의 높이는 80m로 응현 목탑에 비해 17m가 더 높고 건립 시기는 400년 앞서 건축되었다. 목재는 11톤 트럭 500대 분량인 5,000톤 규모로 건립시기, 건축기술 등 모든 면에서 비교가 안 될 정도의 위대함과 정교함을 알 수가 있다.

이와 같이 우리 선조들은 현재 기술로도 복원하기 어려운 놀라운 건축기술을 보유하고 있었으며 이러한 건축기술의 DNA가 지금까지 우리 후손에게 이어져 오고 있다. 이러한 결과가 최근에 완공된 세계 최대의 아랍에미레이트UAE 버즈 두바이 빌딩(162층 828m)을 우리나라 건설회사가 시공하고 세울 수 있게 된 원동력도 바로 여기서 나온 것이다.

황룡사 건축에 담긴 특별한 품질 가치

삼국유사에 이런 말이 있다. “사사 성장 탑탑 압행寺寺星張 塔塔鴨行” 이는 당시 통일 신라 경주를 보고 절이 별처럼 퍼져있고 탑이 기러기가 줄지어 나는 듯 했다는 뜻이다. 통일 신라 당시 경주에는 850여 개의 사찰과 178,936호의 주택이 있었고 인구는 현재 경주시 인구보다 3배가 넘는 약 90여 만 명으로 추정되고 있다. 신라는 삼국을 통일하기 위한 전 국민의 기술과 노력을 한 곳에 모으고자 상승되는 국력을 바탕으로 건립한 것이 동양 최대의 사찰인 황룡사다. 현재 경주박물관과 분황사 사이에 있으며 항공사진으로 보면 넓은 면적의 절터가 자리 잡고 있다. 신라 24대 진흥왕 14년 서기 553년에 기초공사를 시작하여 574년에 장육삼존불상을 완성하고 서기 645년에 황룡사 9층 목탑을 완성하기까지 총 93년의 기간이 소요되었다.

현재 유네스코 세계문화유산에 등재된 불국사의 8배가 넘는 대가람인 25,000평(불국사 경내면적 3천 평)의 황룡사를 준공한 것이다. 특히 구리 35,700근, 금 10,198푼으로 완성된 장육(16척: 약 5m) 삼존불상의 조성과 이를 안치할 수 있는 금당 건물은 무려 450칸으로 최근 발굴된 지붕 위 장식 기와인 세계 최대 치미(1m 82cm)를 통하여 남대문의 13배 면적으로 측정하고 있다. 현재 우리나라에 남아있는 가장 큰 목조 건물인 경복궁 근정전(150칸)의 3배의 규모라는 것이 밝혀지게 되었다.

또한 황룡사 법당 사방 벽에는 신라의 유명한 화가 솔거가 그린 노송도가 있었다. 이 그림은 오래된 늙은 소나무에서 소나무의 껍질이 갈라진 모양이나 가지가 구부러져 서로 얽혀 있는 모습과 새파란 잎사귀가 너무나 생생하여 마치 살아있는 나무와 착각할 정도였다고 한다. 주변의 까치와 참새들이 정말 소나무로 알고 날아와 앉으려고 하다 벽에 부딪혀 떨어졌다고 하는 전설이 있다.

실로 우리 선조의 섬세함과 아름다움은 물론 높은 기상과 웅대하고 정교한 건축 기술이야 말로 우리에게 상당한 긍지를 느끼게 해주는 대목이 아닐 수 없다.

황룡사 9층 목탑(90m)의 위용과 추정 복원모형

황룡사 금당의 세계최대 치미 (1.82m)

황룡사의 보물을 현재에도 보고 느낄 수 있는 방법

신라의 3보 가운데 진평왕의 천사옥대를 제외한 두 가지가 황룡사에 있는데 황룡사 9층 목탑과 장육삼존불상이다. 현재 존재한다면 국내는 물론 외국 관광객이 보고 싶은 명품이 되겠지만 안타깝게도 볼 수 없기 때문에 간접적으로 느끼고 대신 볼 수 있는 방법을 제시하면

첫째, 보물인 황룡사 9층 목탑 대신에 보탑사 3층 목탑을 볼 수 있다. 보탑사 3층 목탑은 1996년에 국내 최고의 장인들에 의해 남북통일과 옛 고구려 땅까지도 통일하려는 간절한 염원을 담아 건립된 탑이다. 충북 진천에 소재하며 높이는 42.7m, 14층 아파트 규모 정도에 해당될 정도로 웅장하며 황룡사의 9층탑이 9층까지 오를 수 있었던 것처럼 보탑사 3층 목탑도 국내에서는 처음으로 3층까지 오를 수 있도록 건축되었다.

둘째, 보물인 장육삼존불상 또한 볼 수 없기에 대신 전북 완주에 소재한 송광사 대웅전의 장육삼존불상을 볼 수 있는 것이 다행이다. 이 불상은 국내에서 가장 큰 좌불상, 높이 5m로 웅장한 모습이다. 서기 1641년 조선 인조 때 조성 되었으며 보물 1274호로 지정되어 있다.

셋째로 황룡사 금당도 현재 볼 수 없지만 이를 대신하여 볼 수 있는 방법이 있다. 제주도 서귀포에 소재한 약천사의 대적광전으로 현재 일본 관광객의 발길이 끊이지 않고 있다. 이 건물은 1996년에 완공되었고 3층의 통층 구조, 높이가 29m 되는 동양 최대의 굉장한 규모를 볼 수

있는 것이 다행이나 황룡사 금당처럼 목조 건물이 아닌 것이 안타깝다.

한편 2007년 9월 7일부터 10월 26일까지 세계문화엑스포가 경주에서 개최되었다. 천년동안 신라왕조의 찬란한 유산인 황룡사 9층 목탑을 보여줄 수 없는 안타까움을 세계인에게 간접적으로 보여주기 위해 건립된 것으로 150억 원의 예산을 들여 만든 높이 82m 황룡사 9층 목탑의 음각 조형물이다. 테두리를 돌로 건축하여 엘리베이터로 올라갈 수 있도록 하고 가운데 비어 있는 공간은 야간에 등을 켜 탑 모양을 볼 수 있도록 하였다. 이 심볼의 슬로건을 '천년의 빛, 천년의 창' 이라고 이름을 붙여 전 세계인에게 홍보한 것이다. 만약 현재까지 황룡사 9층 목탑이 있었으면 얼마나 좋았을까 하는 아쉬움이 남는다.

다행히도 현재 목탑 설계도면이 거의 완성되고 2032년 경에는 목탑이 준공되어 볼 수 있는 계획을 진행 중이라 하니 참으로 다행스러운 일이다. 물론 현재의 기술로 당시 규모의 목탑을 건설하기는 쉽지 않지만 많은 노력을 통하여 탑이 완성된다면 우리 민족의 위대한 기상과 우수성을 전 세계에 알릴 수 있는 좋은 계기가 될 것이다.

황룡사 모형 음각 모형탑인 천년의 창

세계의 지붕 '버즈 두바이 칼리파 빌딩'

세계에서 가장 높은 빌딩은 2010년 1월 4일 완공된 아랍에미레이트 버즈 두바이Burj Duai 칼리파 빌딩이다. 중동 최대 부동산 기업인 에마르Emaar가 발주하여 우리나라 기업인 삼성물산이 시공한 건물로 지난 5년 간 최고 기술과 피나는 노력으로 완성하였다. 총 162층, 828m, 세계 최고 건축물로 이 건물의 높이는 서울 남산(262m)의 3배가 넘고 각층 바닥 넓이를 합친 연면적은 50만 여㎡로 서울 삼성동 코엑스 몰(12만㎡)의 4배, 건설비만 1조가 넘는 총 12억 달러가 들었다. 1층부터 39층까지는 호텔로, 40층부터 108층은 아파트, 109층 이상은 사무실로 각각 사용되고 세계의 지붕이라는 찬사를 받고 있다.

과연 우리나라가 세계 최고의 빌딩을 건설할 수 있었던 원동력은 어디에서 나온 것일까? 그것은 우리 핏줄을 타고 면면히 흐르는 우리 민족의 기상과 선조들이 남긴 문화유산에서 그 힘을 찾을 수 있다. 지금으로부터 1400년 전, 세계 최고의 목탑인 황룡사 9층탑을 건설했던 우리 선조들로부터 물려받은 웅혼한 품질 DNA가 잠재해 있었기 때문에 가능했던 것이다. 한국전쟁 이후 폐허에서 지금의 경제대국으로 도약한 것만 보더라도 우리 국민은 불가능을 가능으로 만들 수 있는 위대한 저력을 갖고 있다. 앞으로 우리나라가 선진대국이 되고 세계무대의 리더가 되기 위해서는 우리 문화유산에 담긴 '품질 DNA' 가 글로벌 경쟁력의 원동력이 된다는 사실을 가슴 깊이 새겨 이를 발굴하고 계승해 나가야 할 것이다.

버즈 두바이 칼리파 빌딩(162층 828m)

3. 동양의 피라미드를 건축한 고구려 국가의 품질

한국 역사 가운데 최강 국가 고구려의 기상

고구려高句麗는 기원전 37년 주몽이 부여국에서 갈라져 나와 현재 요령성遼寧省 환인현桓仁縣의 압록강 지류인 동가강(혹은 혼강), 즉 비류수沸流水 유역에 건국하여 서기 668년까지 700여 년 동안 만주 일대와 한반도 북부를 지배했던 최강의 국가이다. 전성기 때는 현재 대한민국의 상당 부분과 중국의 요령성, 길림성, 흑룡강성 등 동북 3성과 북으로는 내몽골 자치주에 이르고 서쪽으로는 러시아 연해주까지 지배하는 고조선의 옛 땅을 회복한 아시아 최강의 국가였다.

기원전 37년부터 서기 4년까지는 첫 도읍을 졸본성(오녀산성)에서 40년간, 두 번째 도읍은 서기 3년에서 427년까지 즙안의 국내성에서 424년간, 그리고 세 번째 도읍은 서기 427년부터 668년 나당 연합군에 의해 멸망할 때까지 241년간 평양의 안학궁(39만㎡)과 장안성이 도읍이었다. 서기 589년 중국 수나라가 고구려를 4차례에 걸쳐 침공하였으며 서기 612년 수양제는 정규군사 113만 명, 전투보조인원 200여 만 명으로 인류 전쟁 사상 가장 많은 침략군으로 침공하였으나 고구려는 을지문덕 장군이 이끈 살수대첩으로 전투에서 대승함으로써 수나라의 침공을 막아낼 수 있었고 결국 수나라는 멸망하게 되었다. 이후 중국을 통일한 당나라는 당태종이 100만 대군으로 고구려를 침공하였으나 대패를 당하였고 당태종은 유언에서 "다시는 고구려를 넘보지 말라." 는 유언을 남겼다. 그러나 당과의 전쟁은 고구려의 국력을 크게 소진하는 계기가 되었다.

고구려 첫 도읍인 오녀산성 전경

고구려 두 번째 도읍인 국내성의 현재 모습

천혜의 요새 고구려성의 축조 기술

고구려의 첫 도읍의 산성은 해발 820m의 오녀산성으로 직사각형 모양을 하고 있다. 남북 길이는 1500m, 동서 너비 300m로 전체는 약 8㎞에 이른다. 성 안에는 천지天池라고 부르는 연못이 있고 2천 년 동안 한 번도 물이 마르지 않았으며 깨끗하여 식수로 사용할 수 있었다. 서쪽 편에 성벽 없이 산봉우리를 이용하여 장벽을 만들었고, 산꼭대기에서 내려다 보이는 혼강(고구려 비류수)은 197m의 깎아지른 절벽으로 그 높이 또한 623m로 엄청나다. 서쪽, 남쪽, 북쪽 3면은 도저히 오를 수 없는 천연 요새이다. 동쪽면의 절벽 사이에 틈이 있어 사람들이 기어오를 수 있지만 오녀산성은 고구려 멸망 이전에 한 번도 함락된 적이 없는 완벽한 성이다.

이외에도 만주지방에 있는 고구려성은 백암성, 안시성, 환도산성, 건인성, 개모성, 흑구산성, 신성, 봉황성, 구련성, 박작성 등 현재 120여 개가 존재하여 천리장성으로 불리어지고 있으나 중국의 동북공정으로 인해 안타깝게도 점점 훼손되고 있다.

국내성은 환도산성과 함께 우리 역사상 축성연대가 확실한 최초의 도성都城으로 유리왕 22년(서기 3년) 고구려가 졸본성으로부터 도읍을 옮겼다. 기원전 5세기 경에 돌로 쌓기 이전에 이미 흙으로 쌓은 성이 있었고 토성에서 발굴된 돌도끼, 돌칼, 원형석기 등을 통하여 부여와 고조선 때부터 이미 우리 조상들이 살고 있었던 것이다.

고구려 환도 산성과 적석총군

장수왕이 국내성에서 평양으로 수도를 천도할 때까지 424년 이란 긴 세월 동안 고구려 정치 · 경제의 중심지였고 총 길이는 2,686m, 벽의 높이는 약 7~10m로 평지에 세운 성이었던 것이 지금은 심하게 훼손되어 북쪽 성벽만 일부 2m 높이만이 남아 있다.

아시아의 피라미드 건축 장수왕릉의 금자탑

고구려 두 번째 수도인 집안시의 국내성 유적 가운데 가장 놀라운 것은 12,000여 기가 넘는 고분군으로 고구려 후기의 수도인 평양 근방에도 1,000기 밖에 없는데 그 보다 10배가 훨씬 넘는 무덤들이 한 곳에 몰려 있다는 것은 전 세계에서 유래가 없는 경이로운 사실이다.

집안시 안에 있는 고구려시대의 무덤 떼는 모두 32개 지역에서 발견되며 모두 12,358기나 된다. 그러나 최근 절반이 사라지고 6천 여 개 만이 남아있어 안타까운 실정이다. 현지답사를 통하여 필자가 가장 놀란 것은 장수왕릉을 보는 순간이었다.

고구려의 피라미드 가운데 장수왕릉인 장군총은 한 변의 길이가 31.6m이고 높이가 12.4m이다. 정교하게 쪼아진 1,100여 개의 화강암 돌이 7개 계단 형태로 쌓아 올려져 있어 건평 300평에 5층 높이의 아파트를 연상하면 된다. 무게 10톤이 넘는 화강암으로 이집트의 피라미드는 가공이 쉬운 석회암에 비해 장수왕릉의 돌이 다루기가 더 어려웠다는 사실이다. 국내성에는 장수왕릉 외에도 규모면에서 볼 때 광개토대왕릉은 한 변이 66m, 묘자리가 1,318평이다. 가장 큰 천추 묘는 85m × 80m나 되며 묘자리 만 2,057평 되는 거대한 피라미드가 존재한다. 이집트 피라미드도 증축하기 전 처음에는 한 변이 63m이었다.

이러한 거대한 묘들은 아시아의 피라미드라고 해도 무리는 없을 것이다. 또한 고구려 고분이 더욱 놀라운 것은 세계적으로 유례가 없는 무덤에 나타난 벽화로 1,500년이 지난 오늘까지 채색과 인간 세상의 갖가지 생활상과 사후의 하늘 세계까지 자유자재로 표현하고 있다. 기술적 수준이 대단히 높아 고구려인의 창조력과 예술적 감각을 한 눈에 볼 수 있는 걸작으로 우리 선조들의 기상과 높은 예술과 과학기술의 경지를 알 수 있다.

고구려 피라미드 장수왕릉 전경

장수왕릉의 엄청난 규모의 비교

광개토대왕비의 규모와 1,775자의 비밀

광개토대왕비는 서기 414년에 광개토대왕의 아들 장수왕이 세웠다. 국강상광개토경평안호태왕國岡上廣開土境平安好太王이라는 광개토왕의 시호를 줄여서 '호태왕비' 라고도 한다. 높이가 6.39m로 3층 건물에 해당되는 엄청난 규모로 면의 너비는 1.38m~2.00m, 측면은 1.35m~1.46m로 1,775자가 화강암에 예서로 새겨져 있다.

광개토대왕비를 보는 순간 정말로 커다란 감동으로 다가온다. 세계에서 비석이 가장 많은 나라가 중국인데, 그 가운데서도 가장 거대한 것이 광개토대왕비라는 사실이다. 현재 1,500여 자 만이 판독되고 내용은 고구려의 건국 내력과 광개토대왕이 즉위한 뒤의 대외 정복사업의 구체적 사실을 연대순으로 담았고 묘의 관리 문제를 기술함으로써 고구려사 연구에 중요한 자료가 되고 있다.

현재 비의 서남쪽 약 300m 지점에 있는 광개토태왕릉廣開土太王陵이 있다. 비가 발견된 초기에 탁본을 만드는 과정에서 이끼를 제거하기 위해 불을 질러 비면의 일부가 탈락되었다. 정교한 탁본을 만들기 위해 석회를 발라 비면의 내용을 손상시킨 흔적이 있어 임나일본부설이 조작되었음을 알 수 있다. 중국 연나라, 부여, 신라, 백제, 일본 등 동아시아 국가 전체의 역사적 사실과 거대한 고구려 영토를 연구하는 데 큰 자료가 된다.

세계 최대의 비석 광개토대왕비

광개토대왕릉인 태왕릉 전경

지금까지 우리나라 역사 서술 방식이 중국 위주의 사대주의에서 광개토대왕비의 내용을 통해 우리 역사를 주체적 입장에서 되살릴 수 있는 귀중한 자료라고 할 수 있다. 668년 고구려가 멸망하면서 잊힌 비문이 1,100년이 지난 1880년에 기적적으로 발견됨으로서 고구려가 광활한 영토이며 아시아 최강의 국가라는 사실이 밝혀지게 되었다.

위대한 고구려의 기상을 통해본 대한민국 국가품질

우리나라 역사상 가장 강대한 국가인 고구려는 광활한 영토와 막강한 군사력은 물론 세계사에서 유례를 찾기 어려운 건축물인 피라미드에 해당되는 왕릉과 12,000여 기에 달하는 고분을 보유한 국가였다. 삼천리 반도국가가 아닌 중국 만주일대를 호령하던 기상과 정교하고 웅장한 건축술의 국가 품질을 확보한 700여 년 간 아시아 최강의 국가였다.

이러한 선조의 DNA가 오늘까지 우리에게 면면히 이어져 세계에서 가장 높은 버즈 두바이 빌딩을 시공하였으며 세계 최장의 새만금 방조제(33㎞)를 완성하게 되었다. 리비아 대수로 공사 등 중동지방의 건설을 주도하였고, 세계 최대의 조선소와 반도체 회사를 건설할 수 있었으며 전 세계 구석구석까지 우리나라가 진출하여 가는 곳 마다 한국 기업이 최고의 품질과 기상을 떨치게 된 것이 바로 고구려의 기상과 국가 품질의 DNA가 우리 몸속에 흐르고 있기 때문에 가능했던 것이다.

이제 대한민국은 세계 강자로써 제 2의 도약을 눈앞에 두고 있다. 온 국민이 단합하고 선조가 슬기롭게 이루어 놓은 문화유산을 통하여 현재의 국가 품질을 한 단계 업그레이드 하고 혁신 시킬 수 있는 원동력을 갖게 된 것이다.

4. 불가사의한 동양 최대의 신전

좌묘우사의 궁궐배치와 신주

유교 국가인 조선의 한양천도는 1394년 10월 28일(음)에 시작되었고 다음해 1395년 10월에 완공되었다. 태조 이성계는 종묘를 조상을 잘 받들어 모시고 궁궐은 백성에게 존엄을 나타내며 성곽은 나라를 굳건히 지키는 중요한 세 가지 요소로 인식하였다. 신도궁궐조성도감을 설치하고 오곡신과 조상신에게 제사를 올리는 신전으로서 좌묘우사 원칙에 의거 궁궐 좌측에 종묘와 우측에는 사직단을 설치하였다.

유교국가에서는 왕이 나라를 세우고 반드시 종묘와 사직社稷을 세워 경천애지敬天愛地 사상을 만백성에게 널리 알리고, 천지신명과 조상의 은덕에 보답하며 백성들이 농사가 잘되게 해 달라고 제사를 올린다.

동양최대의 신전인 종묘정전의 전경(117m)

종묘는 태묘太廟라 불리는 정전을 말하며 태조의 묘가 있기 때문에 태묘이다. 역대 왕과 왕후는 사후에 신주를 종묘에 봉안하였다. 유교는 사람이 죽은 후 혼魂과 백魄으로 분리되며 혼은 하늘로 올라가고 백은 땅으로 돌아가기 때문에 혼은 사당에 모시고 백은 무덤에 모셨다. 종묘는 왕과 왕비들의 혼이 깃든 신주神主를 모신 사당이다. 공덕이 높은 제왕 이외의 신주는 일정한 때가 지나면 영녕전永寧殿으로 모셨다. 현재 정전에는 19실에 19위의 왕과 30위의 왕후 신주를 모셔놓고 있으며 서쪽에 있는 영녕전에는 정전에서 조천된 15위의 왕과 17위의 왕후를 모셔놓고 있다.

태조는 4대(목조, 익조, 도조, 환조)의 추존왕을 정전에 모셨다가, 세종 때 영녕전을 세워 4대 추존왕의 신위를 옮겨 모셨다. 종묘 정전에는 제1실인 서쪽 첫 번째 칸에 태조의 신위가 모시고 동쪽으로 차례대로 태종(3대), 세종(4대), 세조(7대), 성종(9대), 중종(11대), 선조(14대), 인조(16대), 효종(17대), 현종(18대), 숙종(19대), 영조(21대), 정조(22대), 순조(23대), 헌종(24대), 철종(25대), 고종(26대), 순종(27대)과 각 왕의 비妃를 합쳐 모두 49위의 신위가 19실에 모셔져 있다.

영녕전 1, 2, 3, 4실에는 목조, 익조, 도조, 환조와 5실 정종(2대), 6실 문종(5대), 7실 단종(6대), 8실 덕종, 9실 예종(8대), 10실 인종(12대), 11실 명종(13대), 12실 원종, 13실 경종(20대), 14실(진종), 15실 장조, 16실에 의민이 모셔져 있다.

종묘제례를 위한 다양한 제기

室別	第一室	第二室	第三室	第四室	第五室	第六室	第七室	第八室	第九室	第十室	第十一室	第十二室	第十三室	第十四室	第十五室	第十六室	第十七室	第十八室
신위	태조고황제 신의고황후 한씨 신덕고황후 강씨	태종대왕 원경왕후 민씨	세종대왕 소헌왕후 심씨	세조대왕 정희왕후 윤씨	성종대왕 공혜왕후 한씨 정현왕후 윤씨	중종대왕 단경왕후 신씨 장경왕후 윤씨 문정왕후 윤씨	선조대왕 의인왕후 박씨 인목왕후 김씨	인조대왕 인렬왕후 한씨 장렬왕후 조씨	효종대왕 인선왕후 장씨	현종대왕 명성왕후 김씨	숙종대왕 인경왕후 김씨 인현왕후 민씨 인원왕후 김씨	영조대왕 정성왕후 서씨 정순왕후 김씨	정조선황제 효의선황후 김씨	순조숙황제 순원숙황후 김씨	문조익황제 신정익황후 조씨	헌종성황제 효현성황후 김씨 효정성황후 홍씨	철종장황제 철인장황후 김씨	고종태황제 명성태황후 민씨
神位	太祖高皇帝 神懿高皇后 韓氏 神德高皇后 康氏	太宗大王 元敬王后 閔氏	世宗大王 昭憲王后 沈氏	世祖大王 貞熹王后 尹氏	成宗大王 恭惠王后 韓氏 貞顯王后 尹氏	中宗大王 端敬王后 愼氏 章敬王后 尹氏 文定王后 尹氏	宣祖大王 懿仁王后 朴氏 仁穆王后 金氏	仁祖大王 仁烈王后 韓氏 莊烈王后 趙氏	孝宗大王 仁宣王后 張氏	顯宗大王 明聖王后 金氏	肅宗大王 仁敬王后 金氏 仁顯王后 閔氏 仁元王后 金氏	英祖大王 貞聖王后 徐氏 貞純王后 金氏	正祖宣皇帝 孝懿宣皇后 金氏	純祖肅皇帝 純元肅皇后 金氏	文祖翼皇帝 神貞翼皇后 趙氏	憲宗成皇帝 孝顯成皇后 金氏 孝定成皇后 洪氏	哲宗章皇帝 哲仁章皇后 金氏	高宗太皇帝 明成太皇后 閔氏

종묘정전의 신위 명

종묘의 제사일은 4계절의 첫 달에 모셔져 있으며 정초 · 단오 · 한식 · 추석 · 동지와 매월 삭망일로 정하였다. 왕이 백관을 거느리고 왕세자는 아헌관, 영의정은 종헌관이 되어 분향재배의 복잡한 절차로 종묘대제를 지낸다.

종묘의 규모와 건축의 구조

동양의 최대 신전인 6백년 된 종묘의 건축물과 지금까지 계속 지내온 제례행사가 세계적으로 우수한 가치가 인정되어 1995년 유네스코 세계문화유산으로 등록되었고 종묘제례악(세종대왕 작곡)은 2001년 유네스코 인류무형유산 걸작으로 등록되었다. 종묘 정전(국보227호)의 크기는 동양 신전으로서는 최대의 규모로 동서로 117m, 남북 80m로 담장과 길이가 주는 장중한 모습은 백미이며 대단한 감동을 준다. 크기가 너무 커서 카메라로 웅장한 정전을 담을 수 없어 시각적 아름다움을 다 표현하기 어려울 정도이다.

태조는 경복궁의 임좌병향壬坐丙向에 종묘 터를 결정하였다. 좌향 중에서 임좌병향이란 임壬의 자리를 기준으로 할 때 병丙을 바라보는 위치라는 의미이다. 임壬은 북향과 북서향 사이를 말하며, 병丙은 남향과 남동향 사이를 지칭한다. 종묘의 터가 이루는 좌향과는 달리, 종묘 정전은 계좌정향癸座丁向에 두었다. 건물은 칸마다 아무런 장식을 하지 않은 매우 단순한 구조로 19칸이 옆으로 길게 이어져 우리나라 단일 건물로는 101m인 가장 긴 건물이다. 지붕은 사람 인人 자 모양의 맞배지붕, 기둥은 가운데가 볼록한 배흘림의 둥근 기둥이다. 건물 양끝은 동 · 서월랑東西月廊을 건설하였다. 현재 종묘를 구성하고 있는 중심 건물은 종묘 정전과 영녕전으로, 태조가 종묘를 건설할 당시는 종묘 정전뿐이었다.

영녕전은 정전에 모시지 않은 왕과 왕비의 신위를 모신 별묘인데, 세종 때 처음 건립되었다. 정전 서쪽 바깥에 별묘를 세워 목조의 신위를 옮겨 모시는 것으로 결정되어 영녕전을 건립하게 된 근거이다. 영녕전의 '영녕永寧' 은 '조종과 자손이 함께 영원히 평안하다는 뜻' 에서 정하였다.

영녕전은 네모난 둘레담을 쌓아 묘정 공간을 형성하고 남쪽 담에는 신문을, 동쪽과 서쪽 담에는 각각 동문과 서문을 두어 제례시 통로를 마련하고 있다. 영녕전 건물은 중앙에 정전 4칸, 좌우에 각각 협실 6칸씩을 두어 모두 16칸으로 구성되어 있고, 좌우에 동월랑과 서월랑 5칸이 있다. 영녕전 제례는 정전보다 한 단계 낮게 행해졌으며, 건축 규모면에서는 적다, 그러나 많은 건물이 1592년 임진왜란 때 불에 탄 것을 1608년 다시 지었고 몇 차례의 보수를 통해 현재 19칸의 건물이 되었다.

정전 앞에는 넓은 월대를 두었고 사방으로 담장을 둘렀다. 장대석으로 쌓은 넓은 월대를 앞에 두었는데, 그 상면은 박석薄石을 깔았고, 어도는 전塼을 깔았다. 거친 월대 바닥과 그 위로 육중한 지붕이 떠 있는 모습은 건축미의 극치를 이룬다.

남쪽 신문神門으로 혼령이, 동문으로 임금을 비롯한 제관들이 서문으로 제례악을 연주하는 악공들이 출입했다. 정전 앞뜰에는 조선시대 83명의 공신이 모셔진 공신당과 서문 밖에는 제례악을 준비하는 악공청을 두었다.

종묘정전의 웅장함과 소박한 박석 모습

종묘의 예술성과 위대한 존재성

종묘의 가치가 뛰어난 이유는 세계문화유산이면서도 크게 화려하지 않고 검소하다. 검소 하지만 절대 가볍지 않고 평온하며 엄숙하고 장중하다. 정전과 영녕전의 건축 양식은 세계적으로 유례가 없는 독창적이며 간결하면서도 절제되어 있다.

신에게 제사 지내는 건물인데도 수직이 아닌 수평을 지향한다. 전각의 흐름과 조화로운 자연의 배치와 공간과 시간의 안정감이 있다. 천천히 걸으면서 지나간 시간을 음미하면 침묵의 고귀함과 신전의 위엄 그리고 사당의 신성한 기운을 느낄 수 있다.

세계무형유산인 종묘제례는 하늘의 신과 왕실의 조상을 추모하는 국가의 제례로써 조선시대의 모든 제례 가운데 가장 격식이 높은 의식이었기 때문에 종묘대제宗廟大祭라고도 하며, 세계적으로도 유례가 없는 6백년 간 계속되어 온 우리 선조의 유산이며 긍지라 할 수 있다.

조선시대 종묘제례는 해마다 봄, 여름, 가을, 겨울에 지내는 대향과 섣달그믐에 지내는 납일제, 영녕전에서 거행하는 춘추 제사, 삭망에 치르는 향사와 햇과일이나 햇곡식 등이 나왔을 때 신물을 바치는 천신제 등이 있었다. 이러한 행사는 1971년 이후 전주 이씨 대동종약원에서 매년 5월 첫 일요일 낮에 정전과 영녕전에서 각각 한 차례 올리고 있다.

종묘제례악은 악樂, 가歌, 무舞를 갖추어 연주하는 음악으로 '악' 은 악기의 편성과 연주, '가' 는 악장의 구성과 가락, '무' 는 춤과 의물을 뜻한다. 종묘제례악은 이 세 가지를 모두 갖춘 보기 드문 세계문화유산이다. 서양에 파르테논 신전이 있다면 동양에는 중국에도 없는 한국의 종묘가 있다. 우리는 이러한 위대한 문화유산을 통하여 선조의 지혜를 배우고 긍지와 사기로 국운을 융성하게 발전 시켜야만 할 의무가 있는 것이다.

종묘의 신문神門에서 정전으로 이어지는 신로神路

II. 예술경영 문화유산

1. 몽유도원도夢遊桃源圖의 품질유산을 통해 본 고객감동의 품질

안평대군의 꿈의 장면을 그려낸 안견의 몽유도원도

안평대군은 조선의 4대 임금인 세종대왕의 셋째 왕자로(1418~1453년) 35세의 짧은 생애를 마친 문화와 예술에서 많은 업적을 남긴 훌륭한 인물이다. 세종대왕이 훈민정음을 반포하신 1446년 이듬해인 1447년 음력 4월 20일에 꿈을 꾸었다. 꿈 내용이 너무나 생생하고 희한하여 당대 최고의 화가인 안견에게 설명하여 안견이 꾼 꿈 내용을 듣고 3일 후인 4월 23일에 그려낸 최고의 걸작이 몽유도원도이다.

자기가 꾼 꿈도 그리기 어려운데 더구나 남이 꾼 꿈을 설명만 듣고 작품을 만들어 안평대군을 감동시킨 고객감동의 극치이다. 현재 이 작품은 안타깝게도 우리나라에 없고 일본의 국보로 지정되어 일본 텐리天理대학 중앙도서관에 소장되어 있으며, 비단에 그려낸 수묵담채의 작품이다. 가로 106.2㎝, 폭 38.6㎝로 발문까지 붙인 두루마리는 두 권이며 각 1,120㎝와 857㎝로 합해서 1,977㎝로 발문만 60척인 1,871㎝이다. 우리나라 회화사상 신라의 솔거, 고려의 이녕 그리고 조선의 안견은 '삼대화가'라고 불리어 지고 있으나 전해오는 작품이 없고 오랜 세월 재난을 피해 기적적으로 유일하게 남아있는 작품이 안견의 몽유도원도이다.

안견은 조선의 세종, 문종, 단종, 세조, 예종, 성종 때까지 화가로서 영예를 누린 것으로 알려져 있다. 특히 세종 때 가장 훌륭한 작품을 남긴 인물이다. 충남 서산군 지곡면 산성리가 출신지로 알려져 있고 호는 현동자, 청산백운도를 비롯한 산수화 등 여러 분야의 많은 작품을 만들었으나 현재는 오직 몽유도원도만이 전해지고 있다. 예측능력도 뛰어나 안평대군이 북경에서 구입한 용매龍煤먹을 일부러 훔쳤다가 발각되어 안평대군과 소원한 관계가 된 것이 후에 안평대군과 가까이 지낸 많은 사람들이 화를 당할 때 혼자 화를 모면한 사실은 유명한 일화가 되었다.

안평대군이 꾼 꿈은 어떤 내용이며 무슨 의미인가?

안평대군은 꿈의 내용을 글씨로 남긴 몽유도원기夢遊桃源記를 통하여 다음과 같이 설명하고 있다.

정묘년(1447년) 4월 20일 밤에 내가 막 베개를 베고 누우니, 잠이 깊이 들어 꿈을 꾸게 되었는데 문득 보니 박팽년과 함께 어느 산

안견의 몽유도원도

아래에 다다랐으며 겹친 봉우리는 험준하고 깊은 골짜기는 그윽하였고 복숭아꽃 핀 나무 수십 그루가 서 있었다. 오솔길이 숲 가장자리에서 두 갈래로 나뉘어 어디로 가야 할지 몰라 우두커니 서서 머뭇거리고 있는데 시골 옷차림을 사람 한 분이 내게 공손히 인사를 하며 말하기를

"이 길을 따라 북쪽 골짜기를 들어서면 바로 도원입니다." 하는 것이었다. 박팽년과 내가 말을 채찍질하여 찾아가 보니 절벽은 깎아지른 듯하고 수풀은 빽빽하고 울창하였다. 시냇가는 굽이지고 길은 꼬불꼬불

하여 마치 백 번이나 꺾여 나간 듯 곧 길을 잃을 것만 같았다. 그 골짝에 들어서자 골 안은 넓게 탁 트여 2, 3리는 될 듯했다. 사방엔 산들이 벽처럼 늘어섰고 구름과 안개는 가렸다가 피어오르는데 멀고 가까운 곳이 모두 복숭아나무로 햇살에 비치어 노을인 양 자욱했다. 또 대나무 숲 속에 띠 풀집이 있는데 사립문은 반쯤 닫혀 있고 흙섬돌은 무너져 있으며 닭이며 개, 소와 말 따위도 없었다. 앞 냇가에는 조각배가 있었지만 물결을 따라 흔들거릴 뿐이어서 그 정경의 쓸쓸함이 마치 신선이 사는 곳 같았다. 그렇게 한참을 머뭇거리며 바라보다가 박팽년에게 말하였다.

"바위에 나무를 얹고 골짝에 구멍 뚫어 집을 지었다는 것이 바로 이런 걸 말 한 것이 아니겠나? 참말로 도원 골짝일세!"

그때 옆에 누군가 몇 사람이 뒤쪽에 서 있는 듯하여 돌아다 보니, 최항과 신숙주 등 평소 함께 시를 짓던 사람들이었다. 제각기 신발을 가다듬고서 언덕을 오르거니 내려가거니 하면서 두루 살펴보며 즐거워하던 중에 홀연히 꿈에서 깨고 말았다.

아! 사방으로 통하는 큰 도시는 참으로 변화하니 이름난 고관대작이 노니는 곳이요. 골짝이 다하고 절벽이 깎아지른 곳은 바로 그윽하게 숨어사는 은자들의 거처다. 그러므로 몸에 화려한 관복을 걸친 자들의 자취는 깊은 산림에까지 미치지 아니하며, 돌과 샘물 같은 자연에 정을 둔 사람들은 꿈에도 궁궐의 고대광실을 바라지 않는다. 그것은 대개 성품이 고요한 이와 번잡함을 좋아하는 이가 서로 길이 다른 까닭에 자연스러운 이치로서 그리 된 것이다. 옛사람은 말하기를 "낮에 한 일이 밤에 꿈이 된다." 고 하였다. 나는 궁중에 밤낮으로 하는 일이 많은데 어째서 그 꿈이 산림에까지 이르렀던가? 또 갔더라도 어떻게 도원까지 다다른 것인가? 또 나는 서로 친하게 지내는 사람이 많은데, 하필이면 도원에서 놀며 이 몇몇 사람들과만 함께하게 된 것인가? 아마도 내 성격이 고요하고 외진 곳을 좋아하여 평소에 자연을 그리는 마음이 있으며, 그 몇 사람과 특히 두텁게 사귀었던 까닭으로 그렇게 된 것이리라.

그리하여 안견에게 명하여 내 꿈을 그림으로 그리게 하였다. 다만 옛날부터 일러오는 도원이라는 곳은 내가 알지 못하니, 이 그림과 같은 것일지도 모른다. 나중에 보는 사람들이 옛 그림을 구해서 내 꿈과 비교 해 본다면 반드시 무어라고 할 말이 있으리라. 꿈꾼 지 사흘 째 되는 날, 그림이 다 이루어졌으므로 비해 당의 매죽헌에서 쓰다.(안휘준의 안견과 몽유도원도 참고:2009)

몽유도원도의 시詩 서書 화畵 삼절의 총체적 작품성

안평대군은 이름은 용瑢이며 자는 청지淸之이고 당호는 비해당匪懈堂이다. 1418년에 태어나 11세 되던 해인 1429년에 결혼하고 12세 때 성균관에 입학, 1453년 생애를 마칠 때까지 문화와 예술부분에 탁월한 재주를 가졌다. 천성이 총명하고 학문을 좋아하여 시문에 뛰어났다.

글씨는 물론 그림과 음악을 잘하였고 1446년 도원의 꿈을 꾼 뒤 4년 후 꿈속에서 본 경치와 비슷한 곳을 찾아 백악산 서북쪽(현재 부암동)에 무계정사를 짓고 도원과 같은 경치를 즐겼으며 많은 책과 문사를 가까이하며 학문을 발전시켰다.

몽유도원도는 안평대군이 발문을 썼고 최고의 화가인 안견이 그림을 그리고 당대 뛰어난 서예가인 세종 때 대표적 인물 21명이 찬시를 썼다. 상권에는 신숙주, 이개, 하연, 송처관, 김담, 고득종, 강석덕, 정인지,

박연의 시가 실려 있고 하권에는 김종서, 이적, 박팽년, 윤자운, 이예, 이현로, 서거정, 성삼문, 김수온, 만우천봉, 최수의 찬시가 기록되어 있다. 찬시는 황색, 도색, 남색, 흰색, 쥐색, 금색으로 되어 있어 당시의 시문학과 서예가 집대성 되었음을 알 수 있다.

몽유도원도는 왼쪽 하단부에서 오른쪽 상단부로 이야기를 펼쳐가는 구성으로 되어 있다. 왼편 하단부에는 정면에서 그린 현실 세계, 가운데와 오른쪽은 꿈속 세계를 표현하였다. 복사꽃이 만발한 복숭화밭이 넓게 펼쳐져 있다. 기괴한 절벽은 과장적인 산의 돌출부와 울퉁불퉁하고 환상적인 도원의 세계를 느낄 수 있게 해 준다.

통일감이 있고 몇 개의 경관이 따로 독립되어 있으면서도 조화롭게 하나의 모습으로 나타나 있다. 오른쪽의 도원은 부감법俯瞰法(입체감)을 이용해 입체적으로 한 그림 속에 두 개의 시선이 함께 들어 있도록 평원과 고원, 심원 등 3원법三遠法이 자연스럽게 묘사되어 자연의 웅장함과 선경의 환상이 절묘하게 표현된 한국 산수화의 최고 걸작품이다.

안견의 몽유도원도 작품 구성과 최고의 품질

몽유도원도는 4개 부분으로 나뉘어 구성되어 있다. 맨 왼쪽 부분은 복숭아꽃 핀 나무 수십 그루가 서 있는 마을로 현실세계이며, 두 번째 부분은 절벽은 깎아지른 듯하고 수풀은 빽빽하고 울창한 도원으로 들어가는 바깥 입구, 세 번째 부분은 길이 꼬불꼬불하여 마치 백 번이나 꺾여 나간듯하여 길을 잃을 것과 같이 묘사한 도원 안으로 들어가는 안쪽 입구를 나타냈다. 마지막 네 번째 부분은 골짜기 안이 넓게 탁 트여 2, 3리는 될 듯하고 사방엔 산들이 벽처럼 늘어섰으며 구름과 안개는 가렸다가 피어오르는데 멀고 가까운 곳이 모두 복숭아나무로 햇살에 비쳐 노을과 같이 표현한 도원 내부로 구성하였다.

도원桃源은 무릉도원의 이상향을 의미하며 복숭화꽃은 신선의 꽃이라고 비유된다. 삼국지에서 유비, 관우, 장비가 의형제를 맺은 곳이 도원이며 이곳에서 맺은 결의가 바로 도원결의다.

최근 설악산에 몽유도원도와 유사한 풍경이 있는 바위를 오르는 곳을 몽유도원 릿지라고 하며 전문 산악인들이 찾는 빼어난 곳으로 불리어지고 있기도 하다. 설악산 몽유도원 릿지 산행은 내설악 안산과 대승령 사이에 숨어있는 7개의 작은 암봉으로 구성된 릿지 구간으로 서울서 당일 등반이 가능하며 좌우로 펼쳐지는 웅장하고 수려한 풍광이 단연 내설악 제1의 릿지 코스이지만 잘 알려져 있지는 않은 곳이다.

'고향의 봄' 노래에서 나의 살던 고향은 꽃피는 산골 복숭아꽃 살구꽃 등으로 먼저 묘사된 것이 복숭화꽃으로 가장 화려하고 아름다운 천상의 꽃이다.

박팽년이 처음부터 안평대군과 동행하여 무릉도원의 절경에 취해 있을 때 최항과 신숙주 두 사람은 홀연히 뒤에서 나타난 것으로 되어 있는데 나중에 이 두 사람은 수양대군 편에 서서 높은 공신에까지 오른다. 어쩌면 안평대군의 꿈의 계시는 이상 세계인 죽음과도 관련이 되어 1453년 계유정란때 수양대군에게 강화도로 유배되어 35세의 젊은 나이에 사사된 꿈의 예측이 그림으로 표현되어 졌다고 볼 수 있으며 안견은 그림을 통하여 안평대군의 꿈을 미리 예측할 수 있었을 것이다.

안견의 몽유도원도에서 찾은 고객감동품질의 DNA

품질경쟁력Quality Competitiveness은 기업에서 제공되는 상품 및 서비스를 가져가는 고객의 만족이 목표이며 단순한 만족을 넘어 고객을 감동시켜야만 한다. 결국 고객이 원하는 제품 및 상품과 서비스의 품질을 기업에서 제대로 만들어서 제공하여야 한다.

고객만족Customer Satisfaction은 지금까지의 기업 중심적 경영의 생산자 또는 판매자의 관점에서 결정되어왔던 기업경영을 고객이 중심이 되고 고객에 의한 경영으로 바꾸는 것이며 기업이 고객을 만족시키는 것이 아니라 고객이 스스로 만족하도록 하는 방식이다.

고객감동Customer Surprise or Delight은 고객만족 보다 한 차원 높은 경영방식으로 고객이 명시적으로 요구하는 사항은 물론 묵시적으로 요구하는 사항까지도 기업이 제공하여 고객이 원하는 기대 이상의 것을 제공함으로서 마음을 감동시키는 경영방식이다.

고객의 요구사항을 고객의 소리VOC: Voice of Customer라 하며 고객의 소리는 기업이 들을 수 있는 소리와 들을 수 없는 소리로 구분된다. 고객감동은 듣지 못하는 소리까지 찾아내어 감동을 시키는 방법인 것이다.

21세기 전 세계는 거대한 하나의 지구촌으로 경제전쟁시대라 볼 수 있다. 모든 제품과 상품 그리고 서비스가 고객의 수요에 비해 공급과잉으로 만족만 시켜 고객을 확보한다는 것은 대단히 어려운 실정이다. 따라서 우리나라 기업이 세계 속에서 국제 경쟁력을 확보하기 위해서는 단순한 고객만족을 뛰어넘어 고객감동을 통하여 고객을 사로잡아야 한다.

몽유도원도를 통해 안견이 안평대군의 꿈을 자기가 꿈꾼 것과 같이 그려낸 것이 바로 고객을 감동시킨 최고의 작품이다.

이러한 선조의 고객감동 실현의 품질 DNA를 통하여 우리나라에서 제공되는 모든 상품과 서비스가 고객감동을 실현하는 것이 국가경쟁력과 국제 경쟁력을 향상시키는 좋은 계기가 될 수 있을 것이다.

인왕산 수성동 안평대군의 사저 비해당 앞의 석교石橋인 기린교

2. 한국을 상징하는 명품의 품질

한국을 대표하는 명품 선정

대한민국은 세계사적으로 유래가 드물게 우수한 문화민족으로 5,000여 년 간 면면히 국가를 이어오고 있고 앞으로도 무궁히 발전할 것이다. 한국은 지리적으로 대륙과 해양을 연결해주는 반도로써 중요한 위치로 인하여 무수한 외침과 전란을 겪어왔으나 이를 슬기롭게 극복하고 현재 세계 속에 우뚝 서게 되었다. 그동안 선조가 물려준 훌륭한 전통과 문화를 계승하고 지속적으로 유지 발전 시켜나갈 수 있는 높은 역량을 갖고 있다. 한국 국민이 우수한 민족이 되는데 기여한 많은 것이 있다. 그중에서 한국韓國을 대표하는 한국의 한韓에 해당되는 명품의 품질인 한글, 한옥, 한복, 한식, 한과, 한지 등 여섯 가지 명품을 통하여 우리의 자긍심과 우수성 그리고 선조의 품질정신을 살펴보기로 한다.

한글 품질의 우수성

한글은 한국을 대표하는 고유의 문자로써 조선 제4대 임금인 세종께서 훈민정음訓民正音(국보 제70호), '백성을 가르치는 바른 소리'라는 이름으로 1446년에 창제하시어 반포하였다.

고기에서는 세계에서 가장 오래 된 우리 문자인 가림토 문자를 모체로 인용하였다는 설도 있다. 한단고기라는 역사서에서는 단군3세 가륵 때(BC 2181년) 가림토인 정음 38자를 참고하였다는 주장도 있을 정도이다.

한글이라는 이름은 '크다', '바르다', '하나' 를 뜻하는 '한' 에서 비롯되었으며 글 가운데 오직 하나뿐인 좋은 글이며 온 겨레가 한결같이 바르게 쓰며 여러 뜻을 한데 모은 한국을 대표하는 우수한 글이다.

한글은 낱소리 문자에 속하고 낱소리는 닿소리(자음)와 홀소리(모음)로 이루어지는 독특한 소리글자이다. 한글은 소리 나는 대로 쓸 수 있어 소리를 구성하는 글자의 기본 원리만 알면 무엇이든지 표현할 수 있는 최고의 글자이다. 누구나 쉽게 쓰고 읽을 수 있는 과학적인 글자로 표음문자의 장점과 음절문자의 장점을 고루 갖추고 있다.

한글은 최근 정보지식 환경 하에서 로마자로 입력된 문자보다 한글로 입력된 문자들의 작업이 더 쉽고 편리하기 때문에 세계적인 언어로 더욱 빛나고 있다.

체계적인 음성 분류에 따라 조직되어 신속하고 빠르게 정보를 관리할 수 있는 우수한 글로 10 모음과 14 자음을 조합한 24개 문자로 되어 있어 배우기 쉽다. 약 8,000 가지 음의 소리를 낼 수 있는 세계 최고의 독창적이고 합리적인 글자라고 할 수 있다.

한옥韓屋 품질의 우수성

한옥韓屋은 한국 건축의 전통 양식을 사용한 고유의 주택을 말한다. 뒤로는 산을 등지고, 앞으로는 물을 마주하여 남쪽으로 자리 잡는 배산임수背山臨水의 원칙을 지켰다. 산의 모양이나 물의 모양 바람의 통로와 물의 위치, 산과 평야와의 거리와 방향 등 즉 풍수지리 이론에 근거하며 집의 목적과 거주자의 성향에 따라 조화롭게 건축하였다.

세계적으로 유례가 없는 구조인 온돌은 우리나라에만 있는 구조로 매우 독창적이며 과학적인 구조로 되어 있는데 1m 가량의 땅을 파고 구들을 놓아 방바닥을 데워 추운 겨울을 이길 수 있도록 난방기능을 갖추었다.

또한 대청마루는 통풍 장치가 있어 밖으로 들어오는 습기의 침입을 차단하고 자연의 목재를 사용했다. 건조할 때는 나무가 머금은 습기로 인해 건조함을 방지하기도 하는데 마루를 통하여 더운 여름을 시원하게 보낼 수 있도록 함으로써 사계절을 보낼 수 있는 전천후 주택이 된 것이다. 문살과 한지로 만든 방문과 창문은 바람이 잘 통할 뿐만 아니라 멋이 있으며 낮은 담을 둘러서 집안을 아늑하게 만들고 자연 친화의 공간인 마당도 배치되어 있다. 지붕의 선과 담 등 여러 가지 아름다운 모양의 무늬로 독특한 멋을 내었고 조경 면에서도 뛰어남을 알 수 있다.

최근에는 한옥의 자연친화적 기능과 건강치유의 효과가 나타나면서 한옥의 가치가 재조명 되고 있고 한옥으로 이사하려는 사람들이 증가하고 있으며 한옥의 가치가 새롭게 인식되고 있다. 한옥은 우리 민족이 반만년 동안 살아온 지혜가 담긴 예술과 과학의 집합체라고 볼 수 있다.

한식韓食 품질의 우수성

한식韓食은 한국을 대표하는 음식으로 한국의 기후와 풍토에 맞는 곡물이 한국 음식문화의 중심이 되었고, 주식인 밥과 부식인 반찬으로 형성되고 발전되었다. 한국인의 주식은 쌀로 지은 쌀밥과 조, 보리, 콩, 팥 등의 잡곡을 섞어 지은 잡곡밥이 있다.

부식은 국이나 찌개, 김치와 장류를 기본으로 하고, 육류, 어패류, 채소류, 해조류 등을 이용하여 반찬을 만들었다. 반상차림에는 3첩, 5첩, 7첩, 9첩 반상이 있고 조선시대 궁중에서는 왕에게 12첩 반상을 차리었다. 밥, 국, 김치 외에 장과 나물류와 생채, 조림이나 구이 찌개 등 채소, 육류, 어류 등이 골고루 배합되도록 하였다.

한식은 서양음식에 비하여 많은 장점이 있다. 열량을 과잉으로 공급하지 않고 탄수화물, 단백질, 지방의 3대 영양소가 균형이 되어있으며 많은 종류의 부식을 평상시에 섭취할 수 있다. 이 가운데서도 한식을 대표하는 김치는 채소에 수많은 종류의 동식물성 양념들이 적절하게 어우러지고 혼합되어 함께 발효과정을 거치면서 몸에 이로운 유산균을 비롯한 많은 유익한 요소들을 만들어내고 있기 때문에 야채 음식으로 세계 최고의 발명품이라고 하는 것이다.

한식의 발효 음식은 김치 이외에도 된장, 고추장 등 건강에 대단히 좋은 음식이 있다. 한식은 곡식과 채식이 주를 이루기 때문에 이를 이용한 조리법이 발달되어 있고 다양한 요리를 즐길 수 있으며 종류만도 약 2,800여 종에 이르는 것으로 조사되고 있다. 한식은 계절에 따라 제철에 나는 음식을 이용하였다. 각각의 재료가 가지고 있는 자연의 맛을 그대로 살리는 것이 특징, 인간과 자연과의 지혜로운 조화를 이룬 영양상으로도 지극히 과학적이고 미적으로 아름다우며 깊은 맛이 있기 때문에 세계적으로 최고로 우수한 음식이라고 할 수 있다.

한복韓服 품질의 우수성

한복韓服은 우리 민족의 고유의상으로 기원전부터 입어온 훌륭한 의복이다. 삼국시대에는 저고리와 바지 그리고 치마와 두루마기를 중심으로 관모(모자)와 허리띠 신발이 더해졌고 크게 발전하였다. 고려시대에는 복식 구조도 크게 변하였다. 조선시대에는 우리 고유의 복식이 서민 복으로 뿌리 깊게 이어져 단순해지고 띠 대신 고름을 매기 시작하였으며 두루마기의 종류도 다양해졌다. 양반과 서민의 옷 사이에 큰 차이가 없어졌다. 여자 저고리는 길이가 짧아져 오늘날과 거의 같은 모양이 되었다. 마고자와 조끼를 입기 시작하였고 조끼도 입기 시작하였으며 오늘날에는 사람들이 편하게 입을 수 있는 생활한복이 보급되기도 하였다.

옷감의 자연색은 차분하면서도 화사한 느낌을 주고 움직일 때마다 흐르는 듯한 아름다움이 느껴지며 옷의 아랫부분이 풍성하여 전체적으로 안정감을 줄 뿐 만 아니라 몸에 달라붙지 않기 때문에 혈액 순환이 잘 되어 건강상에도 매우 우수하다. 더운 여름에는 삼베나 모시 같이 바람이 잘 통하는 천으로 한복을 지어 입었다. 겨울에는 올이 촘촘한 명주와 무명 등으로 만든 한복을 입어 바람이 잘 들어오지 않고 보온력도 좋아 겨울 한복으로 많이 사용하였다.

한복은 우리 민족의 정서가 담긴 고유의 의상으로 옷의 선이 간결하고 색상의 조화가 매우 아름다운 옷이다. 동정과 깃이 직선과 사선이 조화를 이루며 아름다운 선을 만들어 버선코와 조화를 이루는 등 마치 한옥의 처마와 닮아서 화려하면서도 품위 있는 우아한 아름다움을 나타낸다.

한과韓菓 품질의 우수성

한과韓菓는 한국의 고유한 전통 과자로 예로부터 예물과 제사, 잔치 등에서 빠질 수 없는 다과로 곡물 가루나 과일 식물의 뿌리나 잎을 꿀이나 엿 등으로 달콤하게 만들어 후식으로 먹도록 한데서 유래되었다. 한과의 대표적 종류는 약과, 유과, 다식, 정과, 과편, 숙실과, 엿강정 등이 있다.

한과의 특징은 장기 보관해도 잘 변하지 않는 장점이 있다. 한과 중 유과는 찹쌀을 발효시켜 가루로 만들어 찌고 건조시킨 다음 기름에 튀겨 꿀을 발라 고물을 묻힌 과자이며 맛이 부드럽고 독특한 특징을 갖고 있다. 다식은 다식판에 박아 모양을 낸 것으로 모양이 아름다운 조화를 이룬 가장 아름다운 과자이다. 한과는 자연색을 이용하여 여러 색으로 만들어지며 형태가 아름답고 예술적이다. 한과의 재료는 곡물 중에서 찹쌀을 많이 이용하는데 찹쌀은 소화를 돕고 위장기능을 좋게 할 뿐만 아니라 기를 보충하는 몸에 이로운 중요한 역할을 하고 있다.

찹쌀 이외에도 쌀, 콩, 밀 등의 곡물, 참깨, 들깨, 흑임자, 잣, 깨, 호두, 밤, 대추 등의 종실류와 견과류와 살구씨, 복분자, 송홧가루, 계피가루, 모과, 대추 등 한약재와 과채류 등이 쓰인다. 단맛을 내는 재료로는 천연 감미료인 꿀과 엿기름으로 만든 조청 등이 쓰여 영양 면에서 뛰어날 뿐만 아니라 필수 지방산과 비타민이 풍부하여 두뇌발달, 치매예방, 콜레스테롤 저하 등 성인병 예방에도 좋은 약용 식품이며 건강식이다.

한지韓紙 품질의 우수성

한지韓紙는 천년의 세월이 흘러도 색이 변하지 않는 닥나무껍질 등의 섬유를 원료로 만든 한국 고유의 전통적인 두껍고 질긴 우수한 품질의 종이다. 한지는 닥나무 껍질에 닥풀을 넣어 물속에 뜬 과정을 거쳐 오랫동안 산화되지 않는다. 번짐이 좋고 종이표면이 치밀하고 매끄러우며 윤기가 나는 광택효과와 부드러운 촉감이 좋다.

서양의 종이는 산성지로서 수명이 대개 길어야 100년 정도이다. 시간이 지나면 누렇게 변색되는 황화 현상을 일으키고 삭아 버린다. 이에 비해 한지는 곱고 질기며 마치 살아서 숨 쉬는 듯 생명감을 느낄 수 있다. 섬유질이 탄탄하여 힘이 있고 질이 좋아 박테리아 등의 미생물이 번식하는 것을 막아준다. 또한 한지의 물성은 자연스러운 섬유조직 구조로 배열되어 있어 물감이나 먹이 고르게 흡수되기 때문에 예술작품 창작의 소재로써 크게 각광받고 있다.

한지는 질감표현에 뛰어난 물성적인 특성으로 인해 습도를 조절해주며 낮에는 빛을 막아주고 밤에는 빛을 투과 시켜서 채광효과를 극대화 시켜주는 중요한 역할을 한다. 또한 항균작용의 기능도 있어 약품이나 음식물 등을 포장하는 고급용지이며 색이 아름답고 종이에서 느껴지는 은은함이나 온화함 그리고 소박함과 자연스러움 등은 결코 서양 종이에서는 느낄 수 없는 것으로 한지의 고유한 예술적 특성인 것이다.

최근 한지는 질기고 오래갈 뿐 아니라 잘 찢어지지 않고 통기성과 보온성이 있어 이를 이용한 다양한 의류사업이 각광을 받고 있다.

한지를 활용한 전통공예인 색지공예, 지승공예 등 수많은 예술적인 공예용품을 만들어 실생활에 이용은 물론 세계적인 관광 상품으로높은 가치를 나타내고 있다.

한국을 대표하는 명품 품질의 교훈

대한민국은 반만년 역사와 전통을 지닌 우수한 문화민족으로 많은 명품이 존재하고 있다. 그 가운데 상기에서 제시한 한국을 대표하는 여섯 가지의 명품의 품질 가치를 통하여 한국 민족의 위대함과 선조의 놀라운 지혜를 엿볼 수 있었다.

최근 우리나라 기업의 제품과 상품이 각 분야에서 세계 최고의 품질로 세계를 리드하고 있다. 이러한 우리의 품질 DNA는 선조에게서 물려받은 품질정신에서 비롯된 것이다. 향후에도 더욱 더 명품 품질의 가치를 인식하고 장점을 계속 되살려 후손에게 계승시키고 발전시켜 나가야 할 책임과 의무가 있다고 하겠다.

3. 서울의 진산鎭山 북한산의 품질

북한산北漢山의 지리적 위치와 중요성

북한산은 대한민국의 수도인 서울에 위치하여 세계적으로 유래가 드물게 수도권 2,000만 명이 접근할 수 있는 도심에 자리 잡아 한 해 500만 명이 찾아오는 기네스북에 등재된 자연의 명산이다.

북한산은 서울시 강북구, 도봉구, 은평구, 성북구, 종로구와 경기도 고양시, 양주시, 의정부시에 속해 있으며 높이는 해발 836.5m의 높은 산이다. 북한산은 1억년이 넘는 동안의 지각변동과 침식을 거쳐 지하 깊이 있던 화강암의 지반이 상승하여 형성되었다. 바위 표면이 평행하게 금이 가는 층상절리가 발달되어 눈이나 비가와도 물이 바위 속 깊이 스며들지 못해 풍화와 침식에도 강하여 오랫동안 변하지 않고 현재의 모습을 갖추었다.

북한산은 예로부터 한산 · 화산 · 삼각산 등 여러 가지 이름으로 불려왔다. 고구려 동명왕의 아들 비류와 온조가 남쪽으로 내려와 북한산 부아악에 올라가 살 만한 땅을 찾았다는 산이다. 부아악負兒嶽은 문헌에 보이는 북한산의 가장 오랜 이름으로 인수봉 뒤에 튀어 나온 바위가 꼭 어머니가 어린애를 업고 있는 형상에서 이름 지어졌다. 북한산은 백운대(836m), 인수봉(810m), 만경대(799m)의 세 봉우리가 모여 있어 삼각산三角山으로 불리고 있으며 약 80㎢(2,400만 평)이르는 커다란 산이다.

북한산은 한북정맥의 주봉으로 우이령을 경계로 북쪽으로 도봉산 지역에서 분리되어 남쪽의 최고봉인 백운대를 정점으로 주능선이 남북으로 길게 뻗어 북으로는 상장봉, 남으로는 보현봉에 이르고 다시 사방으로 능선들이 이어져 굵직하고 웅장한 산세를 이룬다. 백운대 서쪽으로 뻗어 내린 염초봉, 원효봉이 암릉을 이루고 있으며 남쪽으로 석가봉, 용암봉, 시단봉, 보현봉, 문수봉이 솟아 있고 문수봉 북서쪽으로 뻗은 나한봉, 나월봉, 증취봉, 용혈봉, 용출봉, 의상봉은 의상7봉 능선을 이루고 있다. 문수봉에서 서쪽으로 승가봉, 사모봉, 비봉, 향로봉, 족두리봉 등과 보현봉 남쪽으로 능선이 뻗어 있는데 동남쪽으로는 형제봉, 구준봉을 거쳐 북악으로 이어진다. 칼바위능선에는 칼바위봉과 문필봉이 뻗어있다.

600m 이상의 높은 봉우리만 해도 삼각산 세 봉우리 이외에 문수봉(726m), 노적봉(716m), 보현봉(714m), 나한봉(665m), 염초봉(662m), 나월봉(635m), 용암봉(616m), 시단봉(607m), 영봉(603m) 등이

있다. 500m 급에는 증취봉(593m), 승가봉(575m), 용혈봉(571m), 상장봉(534m), 의상봉(503m), 원효봉(505m) 등 총 30여 개의 높은 봉우리로 구성 되어 있는 웅장한 산이다.

북한산은 거대한 화강암으로 이루어진 암봉들 사이로 맑고 깨끗한 계곡이 자리 잡고 있는데 대표적인 계곡은 정릉계곡, 구천계곡, 소귀천계곡, 육모정계곡, 효자리계곡, 삼천사계곡, 진관사계곡, 구기계곡, 평창계곡, 산성계곡, 우이동계곡 등이 있다.

1,300여 종의 많은 동식물이 서식하고 있고 2,000년 이상의 역사가 담겨진 북한산성을 비롯한 수많은 역사문화유적을 보유하고 있는 서울의 진산인 것이다.

북한산의 전경(836.5m)

한양의 이궁인 천혜의 북한산성

우리나라는 예로부터 외적의 침입이 많기 때문에 도시에 도성과 산성을 두어 전란 시 산성으로 이궁하여 나라를 보존하는 선조들의 지혜를 볼 수 있다. 고구려 환인과 오녀산성 만주 즙안의 국내성과 환도산성 평양의 안학궁과 대성산성 등의 예에서도 알 수 있듯이 한양도성과 가까운 북한산에도 북한산성과 행궁이 자리 잡고 있다. 따라서 북한산은 산 자체의 아름다움 이외에도 산성으로서의 중요한 위치를 차지하고 있는 것이다. 삼국사기에는 지금부터 2,000년 전인 서기 132년 백제 개로왕 5년에 이미 산성으로서 기록이 있으며 신라는 북한산의 비봉(碑峰: 560m)에 진흥왕이 순수비를 세워 현재까지 전해지고 있다.

11세기 초 거란의 침입이 있자 고려 현종은 고려 태조의 재궁梓宮을 옮겨오고 증축하였으며 1232년 고려 고종 때는 몽고군과의 격전이 있었다. 조선시대에는 임진왜란과 병자호란 등의 외침을 자주 당하자 도성의 외곽 산성으로 축성하였고 1711년 조선 숙종 37년에는 왕명으로 대대적인 축성 공사를 하여 둘레 7,620보의 석성이 완성되었다. 한양도성이 4대문을 둔 것과 같이 북한산성도 대서문大西門, 대남문大南門, 대동문大東南, 북문北門 등 4대문을 설치하였다. 전체 산성의 총 둘레도 자연성벽을 포함하여 한양도성과 같이 18㎞에 이르고 성내의 면적만 해도 여의도의 2배가 넘는 200여 만 평에 이른다.

그밖에 10개의 암문暗門과 군대를 지휘했던 동장대東將臺 남장대, 북장대를 두고 가운데에 중성中城을 만들었다. 상원봉上元峰 아래에는 행궁을 건축하여 임금이 생활하는 공간인 외전外殿과 왕비가 생활하는 공간인 내전內殿으로 이루어졌으며 좌우상방과 대청 등 많은 건물이 배치되어 전체 규모가 130여 칸에 달했던 것으로 기록되고 있다. 현재는 내전과 외전 터로 추정되는 건물터와 축대 담장터 등이 남아 있고 건물터 곳곳에는 기와 조각들이 널려 있다.

북한산성 행궁은 남한산성 행궁과 화성 행궁등과 함께 우리나라의 대표적인 임금의 행궁으로 문화적 가치가 대단히 크다. 행궁 이외에도 140칸의 군창軍倉을 지었다. 성내에는 승군僧軍을 위한 136칸의 중흥사重興寺를 비롯한 용암사, 노적사, 경흥사, 보국사, 보광사, 부왕사, 원각사, 국녕사, 서암사, 태고사, 진국사 등 12개의 주요 사찰과 99개소의 우물과 26개소의 저수지가 발견되었다.

성 외곽에는 신라말 도선국사가 창건한 도선사를 비롯하여 문수사, 화계사, 승가사, 진관사, 망월사 등 유명한 많은 사찰과 보물이 산재해 있는 명당 중의 명당인 것이다.

북한산의 백미白眉 의상7봉 능선

북한산의 전체 모양은 우리나라 지형과 같이 동고서저東高西低의 모습이다. 동쪽과 북쪽은 백운대를 비롯하여 800m가 넘는 높은 봉우리가 자연 방어 역할을 하고 있고 남쪽에는 대남문이 683m의 높은 위치에 건축되어 있다. 좌측에는 문수봉(726m) 우측에는 보현봉(714m)이 있기 때문에 자연방어가 가능하였다. 서쪽에는 지형이 낮은 반면에 대서문을 두고 좌측에 원효봉(505m), 우측에는 의상봉(503m)이 우뚝 솟아 버티고 있기 때문에 자연을 이용하여 자연방어가 가능하도록 한 우리 선조들의 놀라운 지혜를 알 수 있다.

북한산에서 가장 아름답고 웅장한 능선은 의상7봉 능선이다. 대서문 우측의 의상봉에서 시작하여 능선을 따라 용출봉, 용혈봉, 증취봉, 나월봉, 나한봉, 문수봉에 이르는 능선으로 북한산에서 이 능선을 보지 않고는 북한산을 갔다 왔다고 할 수 없다. 라는 말이 나올 정도의 능선이다.

의상7봉 능선은 북한산의 백운대, 만경대와 노적봉을 한눈에 조망할 수 있으며 노적봉의 대 단애를 의상봉 능선 정면에서 보면 숨이 멎을 듯한 웅장함에 놀라게 된다. 18㎞의 북한산성 가운데 의상7봉 능선은 한쪽이 절벽으로 되어 있어 적군이 감히 쳐들어 올 수 없기 때문에 별도로 성을 쌓지 않은 상태로 8.3㎞가 자연성벽의 천혜의 요새가 된 것이다.

높이 솟은 의상봉을 지나면 바로 앞에 마치 용이 솟아 오른 듯한 용출봉이 나타나며 의상봉 능선의 전망대 역할을 한다. 용출봉에 올라 서면 삼천사 계곡이 내려다 보이고 계곡 넘어 아름다운 비봉능선이 보인다. 용출봉에서 남쪽을 바라보면 나월봉 일대의 칼날 같은 암릉이 병풍처럼 눈에 들어온다. 용출봉에서 용혈봉으로 가는 길은 경사가 급하지만 사다리가 놓여있어 비교적 안전하다. 용혈봉에서 증취봉과 나월봉을 지나면 부처에는 이르지 못하였지만 나한 수준에는 이르렀다는 나한봉이 나타나고 나한봉을 지나면 비로소 부처의 경지인 문수보살에 해당되는 문수봉(726m)에 이른다. 웅장하고 아름다운 북한산 최고의 능선이 의상7봉 능선이다.

북한산의 백미인 의상7봉 능선

북한산의 심볼 비봉 능선

북한산 서쪽에는 마치 독수리 머리 같이 생긴 수리봉(370m)이 우뚝 솟아 있는데 멀리서 보면 족두리 같이 생겨서 일명 '족두리봉' 이라고 한다. 이 봉우리는 남녀의 음양에서 음을 상징하며 나중에 동쪽으로 가다보면 사모봉(540m)이 나타나는데 사모봉은 남자에 해당되는 사모관대를 쓴 것과 같은 모양을 하고 있다. 이 두 봉우리를 가 보아야만이 음양의 합이 된다는 전설도 전해진다.

최근 독바위라는 전철역이 생겨 많은 사람들이 서쪽에서 동쪽으로 이어지는 비봉 능선을 접근하기가 수월하다. 서쪽에서 가장 높은 봉우리는 수리봉을 지나 향로봉(535m)에 이를 수 있는데 멀리서 보면 마치 세봉우리가 향로 같이 생겼기에 향로봉이라는 신성한 이름을 갖게 되었다.

향로봉 정상에서 보면 지나온 아름다운 능선과 북쪽 멀리 삼각산의 모습이 보이고 눈앞에 높이 솟은 비봉碑峰(560m)이 나타난다. 비봉에는 신라 진흥왕이 서기 561년 전후에 한강유역을 영토화 한 뒤 세운 순수비巡狩碑가 있다. 현재 국립중앙박물관에 국보3호로 보관되어 있으며 지금 비봉 정상에는 모조비석을 세웠다.

비석의 크기는 높이 1.54m, 너비 69㎝이며 글씨는 12행으로 행마다 32자가 해서체로 쓰여 있는데 2백 년 전인 조선 순조 16년(1816년)

북한산 비봉(560m)의 위용

금석학金石學의 대가 추사 김정희가 발견하고 판독하여 세상에 알려지게 되었다.

비봉을 지나면 사모봉이 나타나고 사모봉에서 승가봉을 거쳐 힘들게 오르면 문수봉으로 이어지는데 여기까지가 비봉능선이다. 이 능선은 북한산에서 가장 많이 알려져 있고 아름다운 전망 때문에 많은 등산객들이 찾아오고 있다.

북한산의 정상 백운대의 위용

북한산 정상은 해발 836.5m로 하늘의 흰 구름을 만난다는 백운대와 인수봉(810m), 만경봉(799m)의 세 봉우리가 모인 삼각산의 정상이며 하늘을 찌를 듯 그 위용은 대단하다. 조선의 국사인 무학대사가 북한산 만경봉에 올라 나라 일을 생각했다하여 만경봉을 국망봉으로 불리어 진다. 인수봉은 백옥같이 하얀 우람찬 큰 바위로 많은 성인과 현인 군자가 나온다는 봉우리로 생김새도 단아하고 훤칠하다. 북한산 정상에 가는 방법은 대서문 왼쪽의 원효봉을 지나 염초봉을 거치는 서북능선과 대동문을 지나 노적봉 만경봉을 거쳐 오른쪽에 인수봉을 보며 오르거나 우이동 도선사를 지나 하루재와 영봉을 거쳐 가는 동북능선이 있다. 생육신 가운데 매월당 김시습은 북한산을 다음과 같은 시로 표현하였다.

북한산 사모바위(540m)의 전경

삼각산 높은 봉우리 하늘을 뚫었으니

거기 올라 북두성 견우성도 손으로 딸 만하네.

저 산은 구름과 비를 일으킬 뿐 아니라

능히 왕도로 하여금 만세를 영화롭게 하리라.

조선 태조 이성계도 왕이 되기 전 북한산에 올라 시를 읊었는데 이 시는

손으로 넝쿨 휘어 잡으며 푸른 봉우리로 올라가니

백운白雲 가운데 암자하나 높이 자리 잡고 있네.

눈에 보이는 곳을 다가져다 우리 땅을 삼는다면

중국 오월의 강남땅 어찌 받아들이지 못 하리.

라고 하였다. 이렇듯 북한산이 있기에 서울은 세계에서도 유례가 없는 아름다운 산을 가까이한 천혜의 수도가 되었으며 진산이 된 것이다.

북한산 향로봉(535m)의 전경

북한산의 품질을 통해 본 자긍심

북한산은 세계적으로도 손색이 없는 아름답고 넓이 80㎢(2,373만 평)의 웅장한 산이며 도심에 위치한 최고의 명산이다. 많은 유적을 포함한 역사적 가치뿐만 아니라 자연적인 수도 방어로서의 요충지이며 1,000만 서울 시민의 녹색 허파이자 보금자리이며 고향이기 때문에 북한산을 잘 가꾸고 문화유산도 원형대로 복원하여야만 한다.

국운 융성기를 맞이하여 북한산과 같은 기상과 자긍심을 드높이고 후손에게도 북한산을 최고 품질의 산으로 잘 물려주어야만 한다. 자연의 신과 선조에게 물려받은 선조의 혼이 담긴 북한산의 탁월한 품질을 우리 국민이 계승하고 더욱 발전시켜 국가 품질경쟁력을 드높이는 계기로 삼아야 할 것이다.

북한산 진흥왕순수비와 비봉 전경

4. 웅장한 대가람과 오묘하고 현묘한 최고의 비석

섬강 법천사와 지광국사

강원도 원주시 문막 부론면 법천리에 우리나라 3대 사찰(경주 황룡사지, 익산 미륵사지, 원주 법천사지)의 하나였던 대가람인 50,000여 평 규모(참고: 덕수궁 1만 8천 평)의 잘 알려지지 않은 법천사가 있다. 원주의 진산인 치악산(높이: 1,228m)과 더불어 비옥한 문막평야가 자리한 넓은 터와 송강 정철이 관동별곡에서 "섬강이 어드메뇨 치악이 여기로다." 구절처럼 노을과 경치가 빼어난 섬강가에 자리하고 있다.

법천사는 진리가 샘물처럼 솟는다는 이미로 서원마을 전체가 법천사로 전해질 정도로 규모가 웅장하며 멀리 마을 북쪽에는 지광국사의 현묘탑비가 있고 남쪽에는 커다란 4m 규모의 두 개의 당간지주가 당당하게 위용을 떨치고 있다.

법천사는 신라 성덕왕 24년(서기 725년)에 창건되었고 고려 때 고승 지광국사(984~1067년)의 숨결이 서려있는 대가람으로 현존하는 우리나라 최고의 아름다운 부도탑과 탑비석이 천년의 긴 세월동안 그 자리에 전해오고 있다.

법천사 당간지주의 위용

섬강과 대규모 곡식 창고 흥원창

강원도 원주에서 30리 떨어진 섬강 북쪽에 위치한 흥원창은 강원도 원주, 횡성, 평창, 정선, 영월 등 영서지방 5개 지역과 강릉, 삼척, 울진, 평해 등 영동지방 4개 지역에서 세금으로 거둬들인 곡식을 보관하는 대규모의 국가 곡식 창고였다. 충북 충주방면에서 서북쪽으로 흐르는 남한강과 원주를 지나 서남쪽으로 흐르는 섬강이 합류되는 원주시 부론면과 여주시 강천면의 경계에 위치하고 있다. 흥원창에는 적재량이 200석 규모의 평저선 21척을 보유하였으며 한강을 이용, 예성강을 통하여 곡식을 고려 개경으로 운송하였다. 고려와 조선 때에는 이러한 전략적 요충지에 흥원창, 법천사와 거돈사의 대가람이 자리하게 된 것이다.

강원도 문막 섬강의 아름다운 모습

섬강가에 위치한 국가 곡물창고 흥원창 표석

아름답고 오묘한 현묘탑

강원도 원주출신인 지광국사는 법상종 교단을 이끌었다. 고려 성종에서 문종까지 5대왕을 거치며 특히 문종의 왕사이자 국사로 법천사에서 열반에 든 인연이 지광국사 현묘탑(국보101호)과 현묘탑 비석(국보59호)이 지금까지 우리에게 천년동안 전해오고 있는 것이다.

고승의 사리를 봉안한 부도탑 가운데 우리나라에서 가장 화려하고 정교하며 오묘한 탑으로 국보로 전해오고 있다. 이러한 최고의 걸작품이 1912년 일제 때, 일본 오사카로 반출되었다가 1915년에 국내로 들어왔으나 6·25 한국전쟁 때 1만 2천 조각으로 분해되어서 초대 이승만 대통령의 지시로 복원, 경복궁 경내에 있다가 최근 대전 소재 국립문화재연구소에 소장되어 있다.

이 탑은 4각의 평면 탑으로 네 귀퉁이에 용의 발톱을 조각하였으며 높이 6m의 7단으로 건축되었는데 장식이 정교하며 화려함의 극치를 표현하였다.

탑신에는 앞뒤로 문짝을 새겼고 아랫면에는 불상과 봉황을 장식하였으며 조성 시기는 국사의 입적 후인 1080년 경에 세워졌다.

지광국사현묘탑(국보101호)

지광국사 현묘탑비와 거북돌(국보59호)

조각예술의 극치 현묘탑 비석

현재 원주시 부론면 법천리에는 지광국사의 공덕을 기린 현묘탑 거북비석이 우뚝 서있다. 현묘탑 비석은 지광국사의 공적을 찬양하기 위해 신령스러운 거북 몸통의 받침돌에 왕관 모양의 머리 돌을 올렸으며 거북의 모습은 목을 곧게 세우고 용맹무쌍한 모습으로 등껍질은 왕사를 상징하기위해 임금 왕 | 자가 새겨져있다. 비석의 상륜부 머릿돌 이수 부위는 두 마리의 용이 여의주와 함께 정교하고 사실적으로 조각되어 있으며 가운데는 연꽃무늬를 조각하였다. 고려 선종 2년 1085년에 조각한 것으로 기록되며 비석장식에는 당초문인 넝쿨무늬와 천신의 세계인 도솔천과 삼족오, 달, 토끼, 수미산, 용화수, 연화문, 보탑, 보주 등 신선의 세상이 잘 조각되어 화려하고 오묘한 경지의 현묘 비석인 것이다. 높이 4.6m 넓이 1.5m로 대단히 아름다운 세계 어디에서도 볼 수 없는 최고의 예술품인 것이다.

지광국사 현묘탑 비석과 주변 전경

세월의 비움과 미학, 천년의 타임캡슐 거돈사

부론면 법천사에서 승용차로 10분 거리인 부론면 정산리 현계산 기슭에는 지금부터 1천 년 전인 신라 때 엄청난 바위로 창건된 7,500평 규모의 거돈사가 자리 잡고 있다. 아직도 그때에 심은 1천 년 된 느티나무가 원주시 보호수 9호로 지정되어 있어 우리에게 많은 것을 전해오고 있다.

높이 20m, 둘레 7.2m나 되는 거대한 신목으로 절터 가장자리 석축에 지탱되어 있다. 절 한가운데 금당지 앞에는 높이 2m의 불좌대가 있고 보물 750호의 삼층석탑과 연꽃무늬가 아름답게 조각된 배례석이 있다. 석탑으로부터 50m 지점에는 고려 현종 16년(1025년)에 건립된 보물 78호 고려 현종의 왕사인 원공국사의 승묘탑 비석이 아름답게 조각되어 있다.

거돈사 전경과 삼층석탑

절터에서 200m 아래 폐교 운동장 한 구석에 우리나라에서 현존하는 최대 크기의 높이 9.6m 당간지주가 현재까지 알려지지 않은 미완성된 채로 누워있다. 현묘탑과 더불어 거돈사터는 우리에게 1천 여 년의 타임캡슐을 선물하고 있어 반드시 가 보아야 하는 정신적 문화유산의 보물이다.

원공국사 승묘탑 비석

Ⅲ. 가치경영 문화유산

1. 유교儒教 품질의 진수 하회마을

유교儒教에 바탕을 둔 양반 문화유산

유교儒教는 세계 4대 성인 가운데 한 분인 공자(BC 551~479 경)에 의해 창시되어 맹자 · 순자로 계승되고 종교로 불리어 질 정도의 정신적 사상이며 국가 정치의 윤리학이다. 공교孔教라고도 한다. 인애仁愛를 근본으로 수신修身 · 제가齊家 · 치국治國 · 평천하平天下의 근본이념과 경전은 4서 5경으로 전해온다.

한국의 경우 삼국시대 이후 고려를 거쳐 조선왕조 때에는 국가 통치 이념이 되었다. 한국의 종묘가 1995년에는 유네스코 세계문화유산으로 지정되면서 유교의 교리를 가장 잘 이해하고 계승 발전되는 나라가 한국이라는 사실에서 우리는 긍지를 갖게 된다. 특히 유교의 대표적 건축물인 종묘는 600여 년 간 유교의 전통적인 제례행사를 지내 온 가치가

안동하회마을의 현재와 과거 모습

탁월하게 인정될 뿐만 아니라 서양을 대표하는 신전이 그리스 아테네에 파르테논 신전이라면 동양을 대표하는 신전은 종묘라고 평가하는 것이다.

이와 같은 이유는 중국의 종묘는 9칸인데 비해 우리나라 종묘의 정전은 19칸으로 단일 목조 건축물로는 세계에서 가장 긴 것이며 정전의 건평도 1,270㎡로 가장 규모가 큰 신전이기 때문이다. 이렇듯 조선은 세계를 대표하는 유교와 양반 문화의 중심이며 현재 가장 양반 문화유산이 잘 보존되고 있는 곳이 경북 안동의 하회마을로 2010년 8월 1일 유네스코에서 세계문화유산으로 지정하게 된 것이다.

부용대芙蓉臺와 하회河回 마을의 절묘한 절경

안동의 옛 이름은 영가永嘉로 영永자는 두 물이 만나는 뜻이고 가嘉는 아름답다는 뜻이다. 곧 두 물이 만나는 아름다운 고을을 의미한다. 태백산에서 뻗어온 지맥이 화산花山과 북애北厓를 이루고 일월산에서 뻗어온 지맥이 남산과 부용대芙蓉臺를 이루어 서로 만난 곳에 낙동강이 S자 형인 태극 모양으로 감싸 돌아가는 마을이 있으니 이곳은 물돌이 즉 물이 돌아나간다는 하회마을로 불리어진다.

부용대 표석

산태극수태극山太極水太極인 지형으로 산과 물이 태극 모양으로 감싸는 풍수지리風水地理적 길지로 인식되었고 연화부수형蓮花浮水形으로 마을이 물에 떠있는 연꽃 모양의 형상을 하고 있는 것이다. 마을의 주산主山이 꽃같이 아름답다고 하여 화산花山이며 마을 앞 강물 위에 깎아지른 듯한 90도 직각의 64m 절벽인 부용대 앞을 흐르는 낙동강을 화천花川이라고 한다.

하회마을에서 바라본 부용대 절벽

부용대 절벽 위에서 하회마을을 보면 마치 강이 흐르는 것이 아니라 마을이 도는 것 같다는 의미에서 하회마을이라고 불리어지니 부용대에서 바라보는 장면이 하회마을을 볼 수 있는 최고의 백미라고 할 수 있다.

더구나 부용대의 부용의 뜻은 아름다운 연꽃을 의미한다. 만약에 부용대의 절벽이 없었다면 하회마을은 존재할 수 없을 정도로 하회마을의 상징이며 기둥인 것이다.

하회마을은 땅 모양이 배 모양의 행주 형으로 마을에 돌을 쌓으면 배가 가라앉는다는 풍습으로 돌담을 쌓지 않는 풍습과 우물을 파면 배가 가라 않는다고 믿기 때문에 우물이 없으며 물은 강물을 이용한다.

하회마을의 가장 높은 중심부에는 마을의 수호신에 해당되는 수령이 600여 년 된 대단히 커다란 삼신당의 느티나무가 있다. 하회마을의 집들은 느티나무를 중심으로 강을 향해 배치되어 있다. 마을은 조선시대까지 350여 호가 살았으나 현재는 150여 호의 주민이 살고 있는 실존하는 자연부락이다. 마을 내에는 총 127 가옥과 37개 건물이 있으며 현재 12개 가옥이 보물 및 중요 민속자료로 지정되었다.

부용대(64m 절벽)에서 바라 본 하회마을

하회마을 풍산 유씨의 양반가옥

하회마을은 하회 류 씨라고 불리어지는 풍산 류 씨의 집성촌이다. 서애西厓 류성룡柳成龍 선생과 류성룡의 형인 겸암謙菴 류운룡柳雲龍 선생을 비롯한 조선중기에 많은 커다란 인물이 배출되었다. 1999년 영국여왕 엘리자베스 2세가 한국 유교와 양반의 상징인 하회마을을 다녀간 이후 전 세계에 더 많이 알려지는 계기가 되었다.

최고의 재상 류성룡柳成龍과 류운룡柳雲龍

조선 최고의 재상 서애 류성룡은 조선 최고의 유학자인 퇴계 이황李滉의 도산서원에서 수학했다. 1566년 별시문과에 급제하여 선조 2년

1569년에 공조좌랑과 이조좌랑 1571년 병조좌랑 1582년 대사간 · 도승지 · 대사헌 등을 지냈다. 1584년 예조판서, 1587년에는 형조판서 · 대제학 · 병조판서, 1590년 우의정 그리고 임진왜란인 1592년에는 영의정에 임명되어 왕의 피난길에 따라갔으나, 나라를 그르쳤다는 반대파의 탄핵을 받고 파직되었다. 곧 다시 등용되어 왕명으로 평안도도체찰사에 부임하였고 이듬해 호서 · 호남 · 영남의 3도도체찰사에 올랐으며 다시 영의정에 올랐다.

1597년 이순신이 탄핵을 받아 '백의종군' 할 때 이순신을 천거했다하여 여러 차례 벼슬에서 물러났다. 1600년 관직이 회복되었으나 다시 벼슬을 하지 않고 임진왜란의 원인과 경과를 정리한 징비록懲毖錄(국보132호) 등 많은 저술활동을 하며 은거했으며 1604년 풍원부원군에 봉해졌다.

류성룡의 형 류운룡柳雲龍은 호가 겸암謙菴으로 이황李滉의 문하에서 수학하였다. 어릴 때부터 총명하여 모든 경사經史를 통독함으로써 사문의 촉망을 받았다. 1572년에 의금부도사로 추대되었으나 사퇴하였다가 다시 진보현감 등을 지냈으나 어머니의 신병 때문에 사퇴하였고 또 다시 안동현감으로 추대되었다. 1592년 가을에 풍기군수豐基郡守가 되었으며, 전란의 어려움이 있음에도 조공을 평시와 같이 하고 청백리로 알려져 얼마 뒤 원주목사로 승진되었다. 본인보다는 항상 동생을 위하고 또한 효심이 가득하여 노쇠한 어버이를 모시기 위해 다시 관직을 사퇴하였으며 사후에 이조판서에 추증되었다,

옥연정사玉淵精舍와 겸암정사謙巖精舍의 아름다움

하회마을 강 건너편 부용대 밑에 자리 잡은 옥연정사玉淵精舍는 류성룡 선생이 노후에 한가로이 지내면서 학문을 하기 위해 지어진 서당이다. 처음에는 재력이 없어 건물을 짓지 못했으나 류성룡의 벗인 승려 탄홍誕弘이 스스로 10년이나 시주를 모아 선조 19년(1586)에 완성한 우정의 산물로 선생의 덕망이 얼마나 두터웠는지를 알려주는 증거이다.

처음에는 옥연서당玉淵書堂이라 하였는데 옥연玉淵은 정사 바로 앞에 흐르는 강물의 깊은 못의 색깔이 마치 옥과 같이 맑고 맑다고 하여 서애 선생이 이름을 지었다. 이 정사에서 류성룡은 임진왜란의 회고록인 징비록懲毖錄을 구상하고 저술하였다. 건물의 특징은 산기슭에 자리 잡고 있으면서도 터가 넓고 평탄하다. 사랑채와 별당은 남향으로 안채와 행랑채는 동향으로 지었으며 검소하지만 아름다운 건축물이다.

옥연정사(징비록 저술 장소)의 모습

겸암정사謙巖精舍는 류성룡의 형인 겸암謙巖 류운룡이 화천 상류 부용대 기슭 서쪽 높은 절벽에 명종 22년(1567년)에 세운 서당으로 학문 연구와 후진양성에 심혈을 기울이던 곳이다. 강 옆에 자리 잡고 있어 하회에서 가장 전망이 좋은 곳이기도 하다. 누마루에서 내려다 보면 모래사장과 만송정 송림이 한눈에 들어온다.

절벽에 자리 잡은 정사는 마당은 없지만 멀리 바라보이는 풍경을 안마당으로 끌어들여 더없이 넓고 시원한 느낌을 갖게 한다. 마을 쪽에서는 낙엽 진 겨울 한 철을 제외하고는 잘 보이지 않는다. 낮은 담장으로 둘러싸인 경내에는 안채와 사랑채가 자리 잡고 있다. 겸암정사에 게시된 현판은 스승인 퇴계 이황 선생의 친필이다. 류운룡 선생은 겸암정謙巖亭이라는 친필을 소중하게 여기어 호를 겸암이라고 짓게 된 것이다.

겸암정사의 모습

한국 건축물의 극치 만대루의 병산서원과 화천서원

병산서원은 1572년 유성룡 선생이 31세 때에 후진을 양성하기 위해 고려 말부터 이어져 온 풍산 류씨 가문의 서당인 풍악서당을 풍산에서 병산으로 자리로 옮겨 건립하였다. 1614년 선생을 흠모한 사람들이 존덕사尊德祠를 세워 선생을 배향하였으며 1863년 병산屛山으로 사액을 받았고 복례문, 만대루, 동재, 서재, 입교 당, 장판 각, 존덕사, 전사청, 고직사 등의 건물이 있다.

정문인 솟을 대문의 복례문의 복례란 '자기를 낮추고 예禮로 갖추라' 는 뜻이다. 유생들의 강당에 해당하는 입교당에서 바라본 병산서원의 누각인 만대루晩對樓의 만대晩對란 이름은 두보杜甫의 시 제목의 백제성루白帝城樓에서 '푸른 절벽은 오후 늦게 대할만하니' 란 구절에서 이름 지어졌다. 만대루의 기둥과 계단마루를 받치고 있는 24개의 기둥들은 나무가 자란 그대로의 자연의 모양을 살렸으며 다듬지 않은 주춧돌 위에 세워져 있다. 낙동강을 향해 열려있는 만대루는 서원 주변의 경치를 한눈에 조망할 수 있는 곳으로 7칸의 단순한 이 건물은 한국 건축물의 묘미가 집약된 백미라고 볼 수 있다.

병산서원은 풍수상 길지인 임수배산의 형상으로 앞에는 낙동강이 흐르고 넓은 백사장과 뒤로는 산에 임하여 풍광이 빼어나다. 단지 서원 앞에 안산에 해당되는 산이 청천절벽으로 깎아지른 듯이 높아

만대루를 건축함으로써 산의 기세를 절반 정도만 보이게 하는 착시현상을 가져와 부드러운 산의 모습으로 바꾸어 놓은 것은 병산서원의 만대루가 지니는 건축의 위대함을 엿볼 수 있다.

만대루는 정면 7칸, 측면 2칸으로 누각에 앉아 병산을 바라보면 시간과 공간을 까맣게 잊게 할 만큼 취하게 되며 병산(병: 屛은 병풍 병을 의미함)의 아름다운 일곱 병풍이 펼쳐진 것 같다고 하여 병산서원이 된 것이다. 우리 선조들의 건축에 깃든 자연의 조화로움에 감탄을 하게 된다.

화천서원花川書院은 겸암 류운룡 선생의 학덕學德을 기리고자 유림儒林이 뜻을 모아 서원을 건립하여 위패를 모셔서 선생의 학덕을 이어받고 추모하며 제향의 기능을 갖춘 곳이다. 하회마을 북쪽 절벽인 부용대를 어깨하고 있으며 서원에서 앞을 바라보면 강변에는 넓은 모래사장이 펼쳐지고 낙동강이 유유히 흐른다. 강 건너에는 하회마을과 아름답고 섬세한 자태의 곡선을 가진 화산花山이 있다. 왼편의 아름다운 산과 오른편으로는 만송정 노송들이 서 있고 수정처럼 맑은 강물 속에는 부용대가 깊게 그림자를 띄우고 있는 마을과 떨어진 한적한 곳이다.

화천서원은 경덕사, 전사청, 강당인 숭교당과 동재와 서재 누각인 지산루地山樓로 이름 지어 졌다. 지산루의 지산의 의미는 주역에서 15번째 괘인 지산겸 괘에서 비롯되었다. 땅 밑에 산이 있는 형상으로 보통 산은 땅 위에 있는 것이 당연하나 오히려 자신을 낮추고 땅 밑에 있으려 하니 진정 겸손한 군자의 모습과 가장 닮았다는 의미를 지니고 있는 것이다.

병산서원 만대루 모습

겸암의 겸 또한 지산겸의 겸손의 의미이다. 이렇듯 화천서원의 문루인 지산루地山樓에 올라 밖을 내다보면 넓게 펼쳐진 모래사장과 굽이쳐 흐르는 낙동강의 빼어난 풍경이 한 눈에 들어오는 곳에 위치해 있다.

세계문화유산인 하회마을의 품질가치

세계문화유산은 1972년 유네스코UNESCO가 세계문화 및 자연유산의 보호에 관한 협약Convention Concerning the Protection of the World Cultural and Natural Heritage에 의거하여 세계유산목록에 등재된 유산으로 지정되었다.

하회마을은 한국의 대표적 씨족마을이면서 양반마을로 조선시대 양반문화가 가장 화려하게 꽃피었으며 마을 입지 유형이 배산임수의 형태를 띠고 있다.

여름에 고온다습하고 겨울에 저온 건조한 기후에 적응하기 위한 건물의 형태와 유교 예법에 입각한 가옥의 구성을 지니고 있다. 종갓집과 살림집, 정사와 정자, 서원과 서당, 그리고 주변의 농경지와 자연경관이 거의 완전하게 남아 있을 뿐 아니라 무형유산인 의례, 놀이, 저작, 예술품 등 수많은 정신적 유산들을 보유하고 있다.

전통적인 풍수의 원칙으로 강가 입지와 산기슭 입지의 대표적이고 우수한 유산이며 한국 씨족마을의 전통적인 공간구성을 기능적이고 경관적으로 온전하게 유지하고 있는 매우 드문 사례로 세계인에게 평가되고 있다.

우리 선조들은 자연과 친화적인 세계적인 우수한 품질의 건축물을 완성한 것이다. 이와 같이 선조의 혼이 담긴 품질정신의 DNA를 통하여 오늘에 우리 국민이 이러한 유산을 계승하고 더욱 발전시켜 국가 품질경쟁력을 드높이는 계기로 삼아야 할 것이다.

2. 조선왕조의궤의 기록유산을 통해 본 국가표준품질

조선의 세계기록 문화유산과 우수성

1972년 유네스코는 세계문화유산의 보호에 관한 협약 Convention Concerning the Protection of the World Cultural and Natural Heritage을 통하여 인류문화의 뛰어난 가치를 지닌 세계 유산을 등재하고 있다. 1997년 세계적 가치가 있는 고문서를 비롯한 전 세계의 귀중한 기록물 가운데 128개국 427건을 세계기록문화유산으로 선정하고 있다. (2017년 11월 기준)

우리나라는 1997년에 훈민정음과 조선왕조실록이 등재되었다. 2001년 직지심체요절과 승정원일기, 2007년 조선왕조의궤와 해인사 대장경판, 2009년 동의보감, 2011년 일성록과 5·18 민주화운동기록물, 2013년 난중일기 및 새마을운동 기록물, 2015년 KBS특별생방송 이산가족을 찾습니다, 2017년 조선왕실어보 및 조선통신사 기록물 등 총 16건으로 세계에서 4번째로 아·태지역에서 가장 많이 등재된 국가가 되었다.

등재된 16건 중 조선시대의 기록유산이 총 9건으로 커다란 비중을 차지하고 있는데 조선시대는 유교가 국교이기 때문에 찬란한 유교의 기록이 계승되고 있다. 전 세계에서 중국보다도 한국이 오히려 전통적인 우수한 유교 문화를 원형 그대로 보존하고 있는 것이다.

우리 선조들은 예로부터 기록을 소중하게 여겼다. 신라시대에는 세계에서 가장 오래된 목판 인쇄물 무구정광대다라니경이 있으며 고려시대에는 5천 2백 여 만 자의 팔만대장경판이 있다. 조선시대에는 훈민정음을 비롯한 훌륭한 세계적인 기록물을 남긴 것이다.

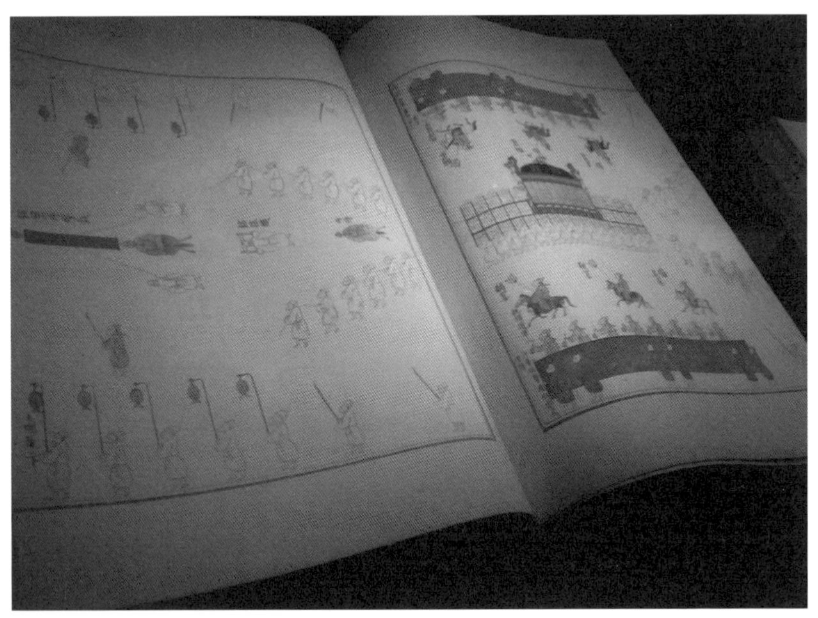

조선왕조의궤

궁중 기록 문화의 꽃 조선왕조의궤朝鮮王朝儀軌

조선왕조의궤는 조선왕실의 일상적인 기록은 물론 국가의 주요 행사가 있을 때마다 행사의 내용을 상세하게 기록 정리한 책이다. 내용의 규모가 방대할 뿐만 아니라 행사 모습을 천연색 그림으로 입체적이고 사실적으로 표현되어 있으며 글과 함께 의례의 전모를 소상하게 기록한 조선시대 궁중기록문화의 꽃이다. 왕실에서 행해지는 왕실의 혼사, 장례, 부묘, 건축, 잔치, 편찬 등 반복적으로 일어나는 일을 모범적으로 기록하여 향후 유사한 행사를 할 경우 참고할 수 있도록 하였다.

조선왕조의궤는 2007년 6월에 유네스코 세계기록유산으로 등재되었는데 등재 이유는 조선왕조 500년을 이해하는데 중요한 자료일 뿐만 아니라 조선왕조를 초월하여 동아시아 유교문화의 정신적 가치를 반영하는 자료라는 것이다. 세계 어디에서도 발견되지 않는 독특한 기록 유산으로 규장각奎章閣에 소장된 546종 2,940 책과 장서각藏書閣에 소장된 287종 4,790 책이 세계기록유산으로 등재되었다.

조선왕조의궤는 왕실과 국가에서 행하는 행사의 준비와 실행은 물론 행사 결과에 대한 모든 과정을 보고서로 정리한 종합 보고서라 할 수 있다. 왕실에서 주관하는 큰 행사가 있을 때 임시 기구인 도감都監을 설치하여 주관하였으며 행사가 끝나면 의궤청儀軌廳을 설치하여 의궤를 편찬하였다.

의궤는 왕에게 올리는 어람용御覽用과 사고史庫에 보관할 수 있는 분상용分上用으로 나누었다. 어람용은 다른 것에 비해 책의 크기를 크게 하고 최고의 종이를 사용하였으며 표지는 비단으로 싸고 고정은 둥근 국화 문양의 놋쇠로 고급스럽고 튼튼하게 오래 보관되도록 하였다.

외규장각 조선왕조 의궤 145년만의 귀환

1866년 11월 19일 병인양요 때 강화도 정족산성 전투에서 프랑스군을 몰아내고 정족산 사고에 보관 되어있던 조선왕조실록을 지켰으나 프랑스 군은 외규장각에 보관된 서적을 비롯한 360여 점의 귀중품을 약탈해 본국으로 우송하였다.

1782년에 건축된 외규장각은 프랑스군에 의해 철저히 파괴되었다. 그러나 불행 중 다행히도 파리국립도서관에 사서로 근무하던 서지학자 박병선 박사가 1975년 프랑스 국립 도서관 서고에서 먼지 쌓인 외규장각 도서를 맨 처음 발견하였고, 오로지 혼자만의 힘으로 방대한 조선의궤 자료의 연구와 한국으로의 반환을 위해 일생을 바치다시피 하여 빛을 보게 된 것이다. 결국 박병선 박사의 노력의 결과는 1993년 한불정상회담에서 프랑스의 미테랑 대통령이 휘경원 원소도감의궤徽慶園 園所都監儀軌 한 권을 반환하게 되는 계기가 되었다.

이후 한국정부는 계속 반환협상을 거듭한 끝에 2011년,

45년 만에 조선왕조의궤(1630년~1867년 작성) 191종 297권의 책이 한국으로 되돌아 온 것이며 특히 186종이 어람용 의궤로 구성되어 있기 때문에 역사적으로 대단한 가치가 있다.

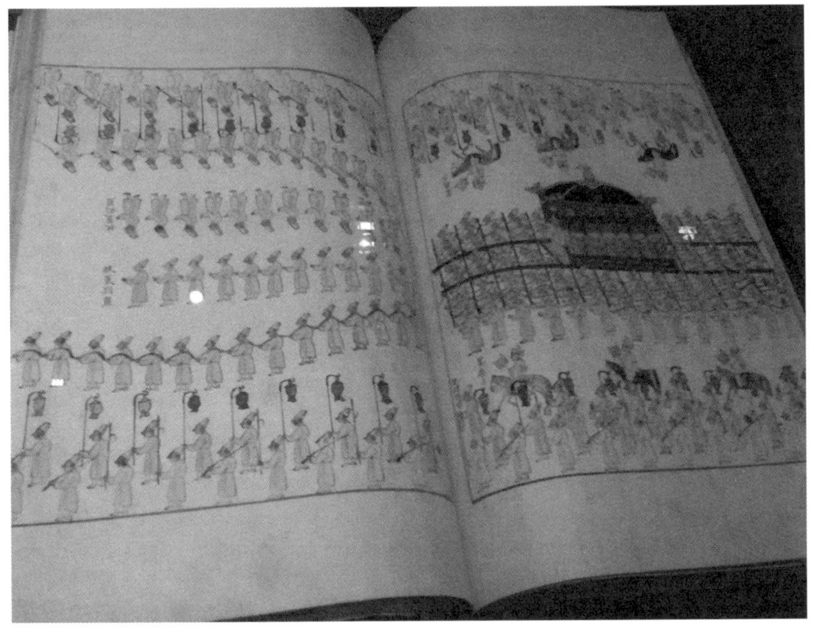

조선왕조의궤 중 정조의 능 행차 그림

조선왕조의궤의 제작 범위와 내용

의궤란 의식儀式과 궤범軌範의 합성어로 의식의 모범이 되는 책을 의미한다. 의궤는 국왕의 혼인婚姻과 세자의 책봉을 비롯하여 왕실의 혼례와 장례葬禮와 궁궐의 건축과 같이 국가나 왕실에 중요한 행사를 기록

하여 선왕 때의 사례를 후대에 참고할 수 있도록 표준화하여 시행착오를 최소화하도록 제작되었다.

의궤는 왕실의 각종 행사를 치르기 위해서 설치되는 도감都監이라는 임시기구에서 제작되었다. 도감은 행사의 명칭에 따라 왕실 혼례의 경우에는 가례도감嘉禮都監, 국왕이나 왕세자의 책봉의식에는 책례도감冊禮都監, 왕실의 장례에는 국장도감國葬都監, 궁궐의 건축을 행할 때는 영건도감營建都監 등으로 이름을 붙여 행사를 주관하였다. 또한 빈전殯殿이나 혼전魂殿의 설치에서 능원陵園의 조성 및 이장에 이르는 각종 상례喪禮, 신주를 종묘에 모시는 부묘祔廟를 비롯한 여러 제례祭禮가 있다.

의궤에는 왕실의 관혼상제 외에 건축, 잔치, 편찬 등 반복적으로 일어나는 국가의 행사의 준비과정과 업무분장, 동원된 인원, 물자와 비품의 조달, 경비의 수입과 지출, 건물 및 비품의 설계와 제작, 담당 관리와 동원 인물, 행사 유공자에 대한 포상까지 사실을 상세하게 수록한 국가 표준이라고 볼 수 있다.

조선왕조의궤 가운데 이번에 반환된 외규장각 의궤의 내용을 살펴보면 의궤 중 가장 오래된

왕실잔치의궤인 풍정도감의궤豐呈都監儀軌(1630)와

장렬왕후존숭도감의궤莊烈王后尊崇都監儀軌(1686),

장렬왕후국장도감의궤莊烈王后國葬都監儀軌(1688),

정조효의후가례도감의궤正祖孝懿后嘉禮都監儀軌를 비롯하여

1752년 사도세자와 혜빈 홍씨의 장남인 의소세손의 장례 과정을 기록한

의소세손예장도감의궤懿昭世孫禮葬都監儀軌(1752),

경희궁 중건 과정을 기록한 서궐영건도감의궤西闕營建都監儀軌(1831) 등 186종의 어람용 의궤가 있다.

조선왕조의궤의 찬란한 문화적 가치와 특징

프랑스 종군화가로 1866년 병인양요 때 참전했던 쥐베르는 조선 원정기에서 조선은 가난한 집에도 책이 있을 정도로 문화대국의 면모를 보여주고 있다고 회고하였다. 이토록 우리 선조는 책을 가까이하고 모든 중요한 사항을 기록하여 후대에 알리는 노력을 통하여 현재 우리나라가 문화대국이 될 수 있도록 한 것이다.

조선왕조의궤는 자료의 방대함과 다양성 그리고 정교함에 있어서 의궤를 한번 접해 본 사람들은 누구나 그 무한한 매력의 세계에 빠지게 된다. 의궤는 역사, 정치, 경제, 사회, 미술, 음악, 무용, 건축, 복식, 음식 등 다양한 분야의 집대성된 풍부한 보석 같은 자료이며 기록문화의 꽃이라고 볼 수 있다.

조선왕조의궤는 현재 많은 부문에서 활용되고 있다. 정치사와 경제사, 건축사, 미술사, 과학사, 언어사, 복식사, 음식사 등 다양한 방면의 연구에 소중한 자료로서 귀중한 가치를 제공하고 있으며 무너진

궁중문화의 복원과 재현은 물론 경복궁, 창덕궁, 창경궁, 경희궁의 복원이 이루어지고 있는 것도 이 의궤가 많은 기여를 하고 있다. 세계인들은 조선왕조의궤 기록의 정교함과 방대함에 대해 전 세계적으로 유례를 찾아볼 수 없다고 한국의 기록문화 유산에 대해 경탄하고 있는 것이다. 이러한 결과는 우리 민족이 자긍심과 긍지를 갖게 되는 원동력이 되고 있다.

국가표준 품질 조선왕조의궤의 계승발전

국제표준화기구ISO에서는 표준화Standardization를 일상적이고 반복적으로 일어나거나 일어날 수 있는 문제를 주어진 여건 하에서 최선의 상태로 해결하기 위한 일련의 활동으로 정의하고 있다. 품질경영의 효율적 추진을 위해서 표준화의 합리적 운영은 필수적이며 표준의 체계적 관리를 위한 조직편성 직무 권한 관리항목 업무절차 통제방법을 명시하는 표준의 설정 및 관리가 되어야 하며 표준은 사회·경제적인 효율을 향상시키는 중요한 역할을 한다.

표준은 물건이나 행위가 비교되어질 수 있도록 정해진 일정한 규격을 말하며 색깔, 크기, 무게, 특성 등을 규제하는 데 사용되는 기기나 고안물일 수도 있으며 물리적인 모델일 수도 있다. 또한 상징적인 묘사, 그림, 공식, 목록, 기술, 모델 등으로 표기되며 실행된 행위가 되는 주요사항을 기술하기 위해 구체화 시키는 것이다.

현재 국가 기록원에서도 국가표준을 위해 표준 기록관리 시스템의 도입을 위한 절차 및 방법에 대해 표준을 개발하여 보급하고 있다. 조선왕조의궤는 상기에서 제시한 국가표준으로서의 모든 사항을 만족시킬 뿐만 아니라 우리나라가 세계 최고의 국가표준체계를 확립 시킬 수 있는 원동력과 기반을 제공하고 있다. 따라서 선조가 이룩해 놓은 국가표준을 통하여 놀라운 지혜를 발견할 수 있다. 21세기 우리나라 기업이 제품과 상품 서비스의 각 분야에서 세계 최고의 표준품질로 전 세계를 리드할 수 있는 계기가 된 것이다. 향후에도 더욱 더 표준품질의 중요성과 가치를 인식하여 계속 발전시켜 나갈 때 진정한 선진국이 되리라 확신한다.

조선왕조의궤 중 용의 그림

3. 한국을 상징하는 태극기의 품질

태극의 의미와 태극기의 유래

태극은 우주宇宙를 의미하는 만물의 서로 반대되는 두 가지 기운으로써 이원적 대립 관계를 나타낸다. 태극기太極旗에는 흰 바탕의 한가운데 진홍빛 양陽과 푸른빛 음陰의 태극을 배치하였다.

본래 음은 검정색을 의미하나 태극기의 태극에서는 한국을 의미하는 동방의 색인 청색으로 음을 상징하였다. 흰색 바탕의 사방인 대각선상에 검은 빛의 사괘四卦를 두었다.

사괘의 위치는 하늘을 상징하는 건乾을
왼편 위에 땅을 상징하는 곤坤을
오른편 아래에 위치하였으며 물을 나타내는 감坎을
오른편 위에 불을 상징하는 리離를 왼편 아래에 위치하였다.

우리나라 국기인 태극기는 조선 고종 19년(1882)에 고종의 지시로 일본에 수신사로 간 박영효가 우리나라 국기로 처음 사용하였으며 고종 20년(1883년)에 정식으로 태극기를 우리나라 국기로 채택하여 공표하게 된 것이다.

태극의 음양과 4괘의 심오한 의미

우주는 태극의 음양으로 나누어지고 음양은 사상四象을 낳고 사상은 8괘八卦를 낳는다. 고대 동양의 철학인 주역에서 하늘은 동動에서, 땅은 정靜에서 생겨났으며 동과 정이 교차하여 천지변화가 일어난다고 보았다.

동은 곧 양이며 극하면 음으로 변하며 음은 정이며 정은 유柔이며 극하면 강剛이 생겨난다. 동에서 하늘의 음양이 생기고 정에서 땅의 강유剛柔가 발생하며 동이 큰 것은 태양이며 동이 작은 것은 소양으로 정이 큰 것은 태음이며 정이 작은 것은 소음이라 하며 이것이 사상이다.

음양의 작용으로 생겨나는 사상은 춘하추동의 4시와 수水·화火·목木·금金의 4원소와 태음太陰·태양太陽·소음少陰·소양少陽 등으로 표현된다. 현재 태극기에는 팔괘 가운데 사괘를 생략하고 사괘만을 표시하였다. 따라서 팔괘에 대한 기원과 의미를 살펴 보면 한단고기의 태백일사 신시본기神市本紀에 배달국 5대 태우천황의 막내아들인 태호복희(기원전 3528~3413년) 씨가 처음으로 팔괘를 지었다고 전해온다. 사마천이 쓴 사기에도 분명히 동이족으로 표현되어 있으며 태호복희 씨의 팔괘도는 다음과 같다.

팔괘는 하늘天, 땅地, 물水, 불火, 바람風, 우뢰雷, 산山, 연못澤을 나타내며, 숫자로는 1이 하늘, 2가 연못, 3이 불, 4가 우레, 5는 바람, 6은 물,

7은 산, 8은 땅을 의미한다. 여기서 양수는 1, 3, 5, 7의 홀수, 음수는 2, 4, 6, 8 짝수가 된다. 태극을 중심으로 팔괘는 서로 반대가 되며 숫자를 더하면 항상 최고의 수인 9가 되도록 되었다. 즉

1인 하늘과 8인 땅은 마주보고 있으며 숫자를 합하면 9가 된다.

2인 연못과 7인 산은 마주보고 있으며 합하면 9가 되며,

2는 땅이 꺼진 음수이며 7은 땅이 솟아오른 양이 된다.

3인 양의 불과 6인 음의 물도 마주보고 있으며 합하면 9가 되며,

4인 음의 우뢰(하늘이 갈라진다는 의미)와 5인 양의 바람도 마주보며

합하면 9가 되도록 과학적으로 되어 있다.

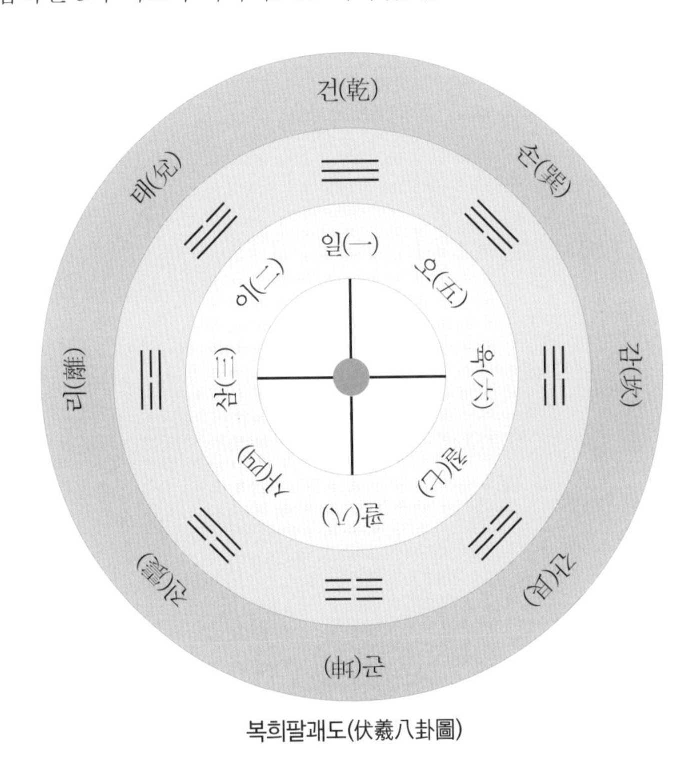

복희팔괘도(伏羲八卦圖)

태극의 순환과 괘의 의미

태극의 양과 음을 가르는 선의 모양이 일직선이 아니라 구부러진 의미는 1인 하늘에서 시작되어 2, 3, 4까지는 바로 옆으로 이동되지만 5는 4의 반대편으로 다시 6, 7, 8은 바로 옆으로 가게 되어 현재의 모양이 된 것이다.

태극의 위에 붉은색은 불을 의미하며 아래의 푸른색은 물을 의미 하는데 이것은 상열하한上熱下寒 즉 뜨거운 기운은 위로 찬 기운은 아래로 내려가는 것을 의미한다. 그러나 달이 차면 기우는 것과 같이 열 기운이 극에 다하면 찬기운의 꼬리가 생겨 자라나는데 이것은 마치 더운 여름이 다하면 서늘한 가을이 오고 낮이 기울면 밤이 되고 밤이 깊으면 새벽이 오는 이치와 같다고 볼 수 있다.

태극기에는 4괘가 있으며 숨겨진 4괘를 더하면 팔괘가 되는데 괘는 3개의 효爻로 구성되어 있다.

한 개의 효는 검정색으로 표시되어 있다. 가늘고 긴 한 개의 막대 형상은 양을 의미하며 남자를 상징한다. 가운데가 끊어진 2개의 효는 음을 상징하며 여자를 의미한다.

1인 하늘의 괘는 효가 양, 양, 양으로 되어 있어 하늘을 상징한다.

2인 음의 연못의 괘는 최고 위부분이 음 효로 가운데가 마치 연못처럼 파여 있는 모양이며

3인 바깥이 양 효로 겉이 훤하며 속은 음 효로 불의 모양을 하고 있다.

4인 우뢰는 2개의 효가 마치 하늘이 찢어지는 모습이며

5인 바람은 한 개의 효만 갈라져 있어 바람을 의미하며

6인 물은 바깥 효가 음으로 껌껌함을 의미하며 속은 양 효로 훤히 볼 수 있는 의미를 나타낸다.

7은 양의 산의 의미로 밑에서 위로 두 개 효가 높은 기운으로 갈라지고 맨 위에만 하늘로 막혀있는 형상이며

마지막 8은 음인 땅으로 모든 효가 음으로 되어 있다.

<table>
<tr><td>1</td><td>2</td><td>3</td><td>4</td><td>5</td><td>6</td><td>7</td><td>8</td></tr>
<tr><td>건(乾)</td><td>태(兌)</td><td>리(離)</td><td>진(震)</td><td>손(巽)</td><td>감(坎)</td><td>간(艮)</td><td>곤(坤)</td></tr>
<tr><td>천(天)</td><td>택(澤)</td><td>화(火)</td><td>뢰(雷)</td><td>풍(風)</td><td>수(水)</td><td>산(山)</td><td>지(地)</td></tr>
<tr><td>☰</td><td>☱</td><td>☲</td><td>☳</td><td>☴</td><td>☵</td><td>☶</td><td>☷</td></tr>
<tr><td>양</td><td>음</td><td>양</td><td>음</td><td>양</td><td>음</td><td>양</td><td>음</td></tr>
<tr><td colspan="2"></td><td colspan="2">⚍</td><td colspan="2">⚎</td><td colspan="2">⚏</td></tr>
<tr><td colspan="2">태 양</td><td colspan="2">소 음</td><td colspan="2">소 양</td><td colspan="2">태 음</td></tr>
<tr><td colspan="4">⚊</td><td colspan="4">⚋</td></tr>
<tr><td colspan="4">양</td><td colspan="4">음</td></tr>
<tr><td colspan="8">태 극</td></tr>
</table>

음양팔괘도

태극기와 역易의 철학적 본질과 중요성

우주 자연의 이치와 인간의 윤리질서를 음양의 변화로 간략히 설명하고 있는 역易은 동양철학의 근본으로 수천 년 동안 우리 한민족의 근본철학에 많은 영향을 끼쳤다. 한 예로 이율곡의 십만양병설도 역에 근본을 두었으며 미래를 예견하고 모든 만물의 질서와 이념을 세운 것이 바로 태극기에 깃들어 있는 음양과 사상의 철학인 것이다.

천지와 더불어 그 덕德을 합하고 일월과 더불어 밝음을 합하면 신과 통할 수 있는 높은 경지에 오를 수 있다고 생각한 것이다.

모든 자연현상은 바뀌게 되지만 하늘은 높고 땅은 낮듯이 일정하게 변하지 않는 두 가지 철학이 공존한다는 것이 중요한 진리이며 이와 같은 사상이 바로 우리나라 태극기 안에 내포되어 있다.

국가 상징으로서 태극기의 훌륭한 품질

오늘날 전 세계 지구상에는 200개국이 넘는 나라가 존재하며 유엔에 공식 가입한 나라만도 193개국에 이른다. 각 나라는 자국의 상징과 자긍심을 비롯한 모든 국민을 한데 모을 수 있는 상징이 필요한 것이며 주권을 대표하는 것이 국가 ,국기, 국화, 국새 등이며 그 가운데 가장 중요한 것이 국기이다.

올림픽에서 금메달을 수여하는 시상식에서 수상하는 국기가 게양되고 국가가 울려 퍼지는 것도 바로 이와 같은 맥락으로 볼 수 있다.

우리나라 태극기는 앞에서 많은 내용을 제시한 바와 같이 어느 나라 국기에도 뒤지지 않는 훌륭한 철학과 사상이 깃들어 있는 국기이다. 최근 대한민국은 모든 분야에서 세계최고의 품질로 세계를 리드하고 있다. 태극기의 품질을 통하여 한국민족의 위대함을 알리고 선조의 놀라운 품질정신을 계승해야 한다.

4. 5천 2백만 자, 팔만대장경. 품질불량 제로의 비밀

불가사의한 팔만대장경 제작

1206년 테무진 징기스칸은 통일 제국인 몽골 제국을 건설한 후 중국 요나라와 금나라를 점령하고 남러시아를 침략하였으며 동진을 점령한 후 드디어 1231년 8월에 몽골 사령관 살리타이가 고려를 침공하였다.

서기 1011년에 만들어진 초조대장경이 몽골침입으로 불타 없어지자 1236년 몽골 재침입에 맞추어 당시 국교인 불교의 정신적 호국 불력으로 몽골을 물리치고자 팔만대장경을 만들기로 하였다.

전 세계에 유래를 찾아 볼 수 없는 작품이 탄생되었는데 만든 시기는 27년 간의 치열한 몽골과 6차 침입의 전쟁을 어렵게 치루는 동안 16년 간(1236~1251년) 81,258 장의 경판을 약 1,000여 명의 각수가 서각을 하여 대역사大役事를이루어 냈다. 1962년에는 국보 32호로

1995년에는 자랑스러운 유네스코 세계문화유산으로 등재되었으며 세계기록유산으로도 해인사 대장경판이 2007년에 등재되었다. 팔만대장경 원력의 신통함은 우연인지는 모르나 고려는 몽골에 합병되지 않고 자주적으로 나라를 지키게 된 것이다.

심오한 5천 2백만 자의 비밀과 완벽품질 달성

팔만대장경의 목재는 제주도와 완도 그리고 거제도에서 자라는 산벚나무, 돌배나무, 자작나무를 사용하여 부패를 방지하고 오래 보존되도록 바닷물에 3년간 절인 다음 그늘에서 말려서 완성하였다.

각 목판의 가장자리는 순도 99.6%의 구리를 사용하였고 한 개의 목판에는 가로 20여행, 세로 15여행으로 300자 내외의 정자체인 구양순체로 글자를 새겼다. 750년 전에 제작된 팔만대장경은 글자 수 만도 남한의 인구수 보다 많은 52,382,960자에 달하는 원고지 25만 장의 분량에 해당되는 세계에서 가장 규모가 크고 완전무결한 작품을 만든 것으로 조선의 명필가 한석봉도 팔만대장경의 글자를 보고 신필이라고 경탄을 한 것이다. 서체를 일정하게 유지시키기 위해 판각 수들을 1년 동안 훈련을 시켰으며 1자를 파고 세 번 절하는 일자삼배를 통해 1억 5천만 번 이상 절을 하는 정성을 들였다.

필자는 몇 년 전 팔만대장경의 작품을 이해하기 위해 대장경

연구소가 있는 이태원에 가서 대장경 한글화 번역을 맡고 계신 소장이신 종림 스님을 뵙고 좋은 말씀을 들을 기회가 있었다. 그동안 글씨만 판각한 줄 알았는데 글씨뿐만이 아니라 인물도 그렸다는 사실을 알았다.

부처님의 10대 제자 16성인 오백나한 등 많은 인물등도 판각하였다. 특히 수작업인데도 5천 2백만 자 가운데 오자는 158자 밖에 안 되어 결함률은 0.0003%로 3PPM 즉 100만 자당 3자 이하인 결함제로에 가까운 놀라운 6시그마 수준을 달성한 것이다.

팔만대장경이 보관된 장경각

750년 간의 기적적인 보관과 내용 요약

팔만대장경의 보관함의 순서는 천자문의 순서로 배열하였다. 대장경판을 보관하는 장경각의 건물은 통풍을 위해 창문에 틈새를 만들고 햇살을 막기 위해 촘촘한 나무 기둥을 세웠고 내부 흙바닥에는 숯과 횟가루, 소금을 모래와 섞어 다졌다. 이는 건물에 습기가 차지 않도록 보관 하게 한 선조들의 놀라운 과학적 사고를 알 수 있다. 또한 많은 외침과 전란을 피하기 위해 풍수상 재난으로부터 안전한 경남 합천의 1,433m의 높은 가야산을 등지고 장경각을 건설하여 강화도 선원사에서 이전, 조선태조 7년인 1398년에 보관하였다. 다행히도 해인사에 몇 번의 화재에도 안전하였고 6·25동란 때, 공군조종사였던 김영환 장군의 놀라운 기지로 해인사에 숨었던 빨치산을 공격하라는 명령에도 굴하지 않고 군사재판까지 가는 상황에서도 공격하지 않아 팔만대장경의 문화유산을 완전히 지켜낼 수 있었다.

전국에 사찰은 어림잡아 20,000여 개가 있으며 오래된 전통사찰은 1,000여 개가 존재한다. 이 가운데 3보 사찰은 불보사찰인 통도사 법보사찰인 해인사 승보사찰인 송광사가 있다. 팔만대장경이 보관되어 있는 곳이 바로 해인사이다. 해인사 법보전에는 팔만대장경의 무수한 내용이 12자로 주련에 새겨져 있는데 내용은 "원각도장하처 현금생사즉시圓覺道場何處 現今生死卽時" 라고 요약되어 있다. 즉 극락과 피안이 어디 입니까? 그것은 과거도 미래도 아닌 현재 지금 바로 여기라고 되어 있다.

장경각 외부모습

해인사 법보단 모습

다시 말하면 '일체유심조'一切唯心造(모든 것은 오로지 마음이 지어내는 것임을 뜻하는 불교용어)와 같이 바로 마음에 있다고도 해석할 수 있는 것이다.

선조의 위대한 기록유산의 교훈

전쟁 중임에도 강한 신념으로 국가와 국민을 적으로부터 구하겠다는 선조의 숭고한 정신적 유산을 우리는 갖고 있다. 포기하지 않고 끈기와 정성으로 이룩한 지혜의 결정체인 팔만대장경을 통하여 주변 세계 강대국과 대등한 외교관계를 이룩하고 향후 4차 산업혁명시대를 슬기롭게 헤쳐 나갈 수 있는 원동력을 찾을 수 있는 것이다. 또한 결함제로의 완벽품질정신을 통해 우리나라 기업의 제품 품질경쟁력을 세계 최고로 달성하고 유지시켜 글로벌 경쟁력을 확보해야 한다.

Ⅳ. 과학경영 문화유산

1. 2천 400년 전 고조선 다뉴세문경多紐細紋經의 첨단 기술 비밀

2천 400년 전의 고조선 다뉴세문경의 발견

삼국유사 고조선 편에는 환인이 환웅에게 천부인天符印 세 개를 주어 인간을 다스리게 하였다는 기록이 있다. 천부인 세 개는 거울과 검 그리고 요령을 의미한다. 그중에 가장 신령스러운 것이 거울이며 그동안 한반도 전역에서 청동 거울이 많이 발견되었으나 주로 거친 무늬의 조문경粗紋鏡이 많이 출토되었으며 가는 무늬의 세문경은 약 100여 점만이 발견되었다.

다뉴세문경多紐細紋經은 현재까지 존재하는 청동거울 가운데 전 세계적으로 유래를 찾을 수 없는 희귀하고 정교한 보물중의 보물로 현재 숭실대 박물관에 국보 141호로 보존·지정되어 있다.

다뉴세문경은 두 개의 고리(뉴)가 달린 세밀한 잔줄 무늬의 거울로 1960년대에 충남 논산군 성동면 원남리에서 출토 발굴된 것으로 2천 400년 전 당시 대족장이며 대제사장이 목에 걸어 사용한 거울로 짐작하고 있다.

청동 거울은 신의 뜻을 전하는 제사장의 권력을 상징하는 신비한 힘을 가진 상징물로 번개무늬, 별 무늬, 태양 무늬 등이 있다. 전남 화순 대곡리 유적에서 동검, 동경과 함께 청동방울이 나왔는데 양손에 쥐거나 갖고 흔들어 소리를 내서 하늘의 신을 부르는 제사에 직접 사용되는 종교적 상징으로 제천행사 때 지역집단의 구성원 대부분이 참여하였을 것이며 제사장의 도구인 청동 방울과 같이 출토 되는 것을 유추해 볼 때 샤먼적인 내용을 알 수 있으며 많은 메시지를 전하고 있다.

고조선 다뉴세문경(국보 제 141호)

고조선 다뉴세문경의 첨단 기술 비밀

고조선 시대 우리 민족이 살았던 지역인 중국 요동지방과 러시아 연해주를 비롯한 한반도 전역과 일본지역에서도 같은 종류의 청동거울이 발견되고 있다. 한반도의 청동거울은 뒷면에 두 개 혹은 세 개의 꼭지가 달리고, 기하학무늬가 장식된 것이 특징이며 다뉴경, 다뉴기하문경, 다뉴세문경 등의 이름으로 불린다. 이 가운데 최고의 청동거울은 국보 제141호인 다뉴세문경이다.

필자가 다뉴세문경의 백광(하얀 빛)을 직접 보는 순간 어떠한 표현도 불가능하게 하며 경이로움과 찬란함이 감동을 뛰어 넘어 신비스럽기까지 하다. 다뉴세문경은 지름 21.2㎝(212㎜), 테두리 폭이 1㎝이며 머리카락 두께인 높이 0.07㎜, 폭 0.22㎜이다.

선과 선 사이의 간격은 0.3㎜로 13,300개의 세밀한 직선의 동심원이 한 곳도 빈틈없이 절묘하게 새겨져 있다. 동심원을 그린 수법은 경이롭기까지 하며 이는 한 치의 실수도 용납되지 않는 자세를 갖춘 숙련된 장인이 아니면 만들어내지 못할 최고의 작품이다.

작은 삼각형을 기본으로 하여 기하학적 무늬를 세밀하게 새긴 것이 특징이며 현존하는 잔무늬 거울 가운데 규모가 가장 크고 동질銅質·주조鑄造·문양 등의 면에서 세문경細紋鏡 가운데서도 가장 뛰어난 작품이다. 볼록 두드러진 테를 주변에 돌리고 그 안에 가는 선으로 기하학적인 문양을 새기고, 내구內區, 중구中區, 외구外區로 3등분 되어 있다.

외구에는 사선 삼각형을 조직적으로 종으로 배치하면서 그 중간에 4쌍의 동심원을 균형 있게 배치하였고, 주석이 많이 들어가 빛이 잘 반사되게 만들었다.

중간 구에는 역시 사선 삼각형 무늬를 횡으로 조합하였으며, 내구는 꼭지를 둘러싸고 5겹으로 사선 원을 두른 다음 그 내부에 중간구와 대치되게 삼각선 무늬를 조합하였다. 현재의 컴퓨터 기술로도 복원하기가 불가능할 정도의 정교하고 세밀한 품질 기술인 것이다.

이 정도의 정밀성과 섬세함이라면 현대의 숙련된 제도사가 확대경과 정밀한 제도 기구를 이용해 종이에 그린다고 해도 쉽지 않은 작업이며 더욱이 확대경이 없던 기원전 4C경에 선조들이 정밀한 작업을 해낼 수 있었었다는 점은 정말로 놀라울 따름이다.

더구나 2008년 10월에 열린 학술대회에서 과학적 조사를 통해 거푸집은 입자가 가는 모래에 문양을 조각하여 만들었음이 밝혀졌기 때문에 현재의 가는 동심원을 주조하였다는 사실은 현재 과학으로 해결할 수 없는 불가사의다. 어떻게 우리 선조들은 2,400년 전에 이와 같이 놀라운 정밀 품질기술을 확보 하였을까?

다뉴세문경의 합금 주조기술의 신비

다뉴세문경의 또 하나의 놀랄만한 사실은 이토록 정교한 무늬가 금속인 청동을 녹여 틀에 부어서 만들어낸 주물 작품이라는 점이다. 확대경과 정밀한 제도 기구가 없었던 기원전 4세기에 우리 선조들은 어떻게 다뉴세문경과 같은 설계를 하고 그 거푸집을 만들어 낼 수 있었을까?

고운 모래가 섞인 점토로 발라 구워 형틀을 만들고 이 형틀에 청동의 주물을 부어 제작하는 복잡한 공정을 거친 것이다. 크기 자체가 작은데다가 그 두께가 수㎜ 밖에 되지 않는 거울이기 때문에 무늬를 그리는 작업 못지않게 주물 제작이 보통 어려운 것이 아니다. 주조 작업의 특성상 다뉴세문경과 같이 정교한 선이 살아 있는 주물 작품을 만들어내는 것은 불가능에 가깝다고 전문가들은 말한다. 더구나 다뉴세문경은 청동기 제조 기술의 극치를 보여주는 신과 같은 작품으로 당대 다뉴세문경과 같은 뛰어난 수준의 청동 주조물은 세계 어디에서도 찾아볼 수 없다.

구리와 주석의 합금인 청동으로 만들어진 다뉴세문경의 성분을 분석하면 황금률인 구리 65.7%와 주석 34.3%이다. 주석은 섭씨 900℃에서 끓고 청동은 섭씨 1,000℃까지 가열해야만이 주물을 부을 수가 있는데 당시 어떻게 이러한 합금의 비율로 경도를 충분히 높이면서 빛의 반사율을 좋게 하였는지가 불가사의다. 이는 오랜 경험과 기술을 바탕으로 첨가 원소의 역할에 대한 지식과 비밀을 당시에 이미 알고 있었던 것이다.

세계 최고의 반도체 기술을 보유하게 된 원동력

다뉴세문경은 지름 21.2cm(212㎜) 크기에서 머리카락 두께인 높이 0.07㎜, 폭 0.22㎜의 13,300개의 세밀한 직선의 동심원을 설계하여 만든 선조의 품질 DNA가 현재 생산되는 첨단의 반도체 기술에 접목되어 반도체 품질을 한국이 세계 최고가 될 수 있도록 한 원동력이 된 것은 아닌가?

한 장의 반도체 웨이퍼의 크기는 50㎜~300㎜까지 생산하며 구경이 크면 1장의 웨이퍼에서 많은 집적회로 칩을 생산할 수 있기 때문에 시간이 지날수록 구경은 커지고 있다. 그러나 반도체 웨이퍼의 크기를 키워서 칩의 수를 늘릴 수도 있지만 더욱 중요한 기술은 반도체의 한정된 면적에서 반도체 칩의 집적도가 중요하다. 따라서 최대한 가늘고 폭을 줄이는 날씬한 회로를 그려서 칩을 작게 만드는 기술이 중요하다. 직경 150㎜(6인치)의 경우는 두께 0.625㎜를, 200㎜(8인치)에서는 두께 0.725㎜를 300㎜(12인치)에서는 두께 0.775㎜를(두께 오차는 ±0.025㎜) 생산하고 있다.

한국의 대표적 반도체 회사인 삼성전자는 세계 최초로 30나노(1나노=10억분의 1m) 공정을 적용한 D램 제품을 개발하였으며 머리카락 두께 4,000분의 1에 해당하는 극미세 가공 기술로 웨이퍼 당 칩 생산량이 늘어나 품질경쟁력을 확보하고 있다. 현재 세계 D램 시장은 30나노 공정으로 양산하는 업체는 전 세계에서 삼성전자와 하이닉스 반도체

반도체 웨이퍼

회사뿐이며 삼성전자는 지난해 매출 240조 원, 영업이익 53조 원의 실적을 나타내어 반도체 업계의 최고인 인텔과 마이크론을 제치고 세계 1위로 올라섰다. 세계 최고의 기록을 세웠기 때문에 현재는 전 세계에서 한국의 반도체 회사를 따라올 수 있는 회사는 아무도 없으며 세계 최고의 반도체 경쟁력을 확보하게 된 것이다.

세계 최고의 주조와 철강 기술 보유

다뉴세문경을 주조한 선조의 품질 DNA는 현재 우리 핏속에 면면이 이어져 또 다른 분야인 철강 부문에서 세계 최고의 철강회사를 만들 수 있는 계기가 되었다. 대한민국이 한강의 기적으로 불리어지는 기적적인 경제 성장의 상징으로 인식된 것이 바로 철강 생산 능력이며 대표 기업이 포스코 즉 포항제철이다. 한국의 자동차, 조선 등 각종 기간산업들이 포스코에서 공급하는 철강 제품에 뿌리를 두고 있으며 1970년대 이후 40년 간의 급속한 산업 발전의 원동력에 기여하였다.

포스코는 1968년에 설립되어 40여 년 만에 조강생산 기준으로 세계 최고의 기업실현을 눈앞에 두고 있다. 규모면에서 포항제철소 270만 평과 광양제철소 450만 평을 합하여 총 720만 평으로 여의도 면적의 8배에 달하는 세계 최대의 단일 철강회사가 된 것이다. 2017년도에 60조의 매출액을 달성하였고 지속적인 설비효율화와 생산성 향상을 통해 조강능력은 연간 5,000만 톤에 이른다. 베트남과 인도에까지 일관제철소를 건설하였고 혁신적 독자기술로 글로벌 품질혁신체제를 구축하고 있다. 당진에 건설된 현대제철까지 제강 능력을 포함한다면 올해 한국은 조강능력 8,000만 톤으로 사상 최고가 될 것으로 내다보고 있다.

다뉴세문경의 품질 DNA와 첨단 기술

과연 대한민국이 세계 최고의 반도체와 철강기술을 확보하게 된 원동력은 어디에서 나온 것일까? 그것은 우리 핏줄을 타고 면면히 흐르는 우리 민족의 기상과 선조들이 남긴 문화유산에서 그 힘을 찾을 수 있다. 지금으로부터 2,400년 전 세계 최고의 걸작인 다뉴세문경을 제작한 우리 선조의 품질 DNA가 잠재해 있었기 때문에 반도체 기술과 제강능력에서 세계 최고를 이룩할 수 있었던 것이다.

앞으로 우리나라가 계속 발전하여 선진대국이 되고 세계 무대의 리더가 되기 위해서는 우리 문화유산에 담긴 품질 DNA를 찾는 것이야 말로 글로벌 경쟁력의 원동력이 된다는 사실을 가슴 깊이 새겨 이를 널리 홍보하고 계승 발전해 나가야 할 것이다.

2. 국보1호 숭례문 화재를 통해 본 국가 품질 손실비용

국보1호 숭례문의 품질유산 가치

태조 이성계는 1392년에 조선을 건국하고 한양에 18㎞의 도성을 건축하였으며 4대문과 4소문을 지었는데 4대문 가운데 남쪽 정문이 바로 국보1호인 남대문 즉 숭례문崇禮門이다. 서울에 남아 있는 목조 건물 중 가장 오래되었으며 태조 4년(1396년)에 건축을 시작하여 태조 7년(1398년)에 완성되었는데 숭례문의 대들보에는 "홍무이십구년병자시월초지일상량洪武二十九年丙子十月初之日上樑" 이라고 기록되어 있으니, 홍무 29년은 태조 5년(1396)에 해당하며 그해 10월 6일에 상량하고 2년 후인 태조 7년(1398년) 2월 8일에 준공한 것이다.

숭례문은 그동안 수많은 외침(임진왜란, 병자호란, 한일합방, 한국전쟁 등)에도 불구하고 610년 동안 기적적으로 보존되어 온 우리의 문화유산이며, 한국에 존재하는 목조 대문 중에 가장 오래되고 웅장하며 최고로 아름다운 대문이다.

한양도성의 4대문은 음양오행의 철학에서 오행五行의 인의예지신仁義禮智信에 해당되므로 동쪽의 동대문은 인仁의 흥인지문興仁之門, 서쪽의 서대문은 의義의 돈의문敦義門, 북쪽의 북문은 지智의 홍지문弘智門, 중앙에는 신信을 의미하는 종로 보신각普信閣을 배치하였으며 바로 남쪽의 남대문에는 예禮에 해당되는 숭례문崇禮門을 완성한 것이다. 특히 예의 의미는 남방인 화火를 의미하고 남쪽을 멀리서 보면 마치 불길이 솟아오르는 모습의 화산인 관악산(629m)을 볼 수 있다. 따라서 관악산의 화 기운을 막고자 화火에 해당되는 예禮자를 눌러주기 위하여 4대문 가운데 숭례문의 현판만이 유일하게 세로 즉 종縱으로 글을 써서 편액을 하였다. 우연인지는 몰라도 이러한 사실이 6백년 간 화마를 물리칠 수 있는 부적과 같은 역할을 한 것이다.

양녕대군 글씨의 숭례문 현판

숭례문은 돌을 높이 쌓아 만든 석축 가운데에 무지개 모양의 홍예문을 두고 그 위에 앞면 5칸, 옆면 2칸 크기로 지은 누각 형 2층 건축물이다. 지붕은 앞면에서 볼 때 사다리꼴 형태를 하고 있는 우진각 지붕이며 지붕 처마를 받치기 위해 기둥 윗부분에 장식하여 짠 구조가 기둥 위뿐만 아니라 기둥 사이에도 있는 다포 양식으로 그 형태가 곡이 심하지 않고 짜임새도 아름다우며 정면에는 관악산의 화기를 누르기 위해 세로로 쓴 양녕대군의 '숭례문' 이라는 현판이 달려있다.

숭례문은 국보1호로 한양의 관문이요, 한국의 정신적 지주이며, 문화유산을 대표하는 상징성이 있기 때문에 문화유산의 가치는 어떠한 형용사로도 표현할 수 없는 무한하고 특별한 가치를 지니고 있는 것이다.

숭례문 화재참사의 비극

숭례문에 어이없게도 커다란 화재가 발생하였다. 숭례문 방화사건崇禮門放火事件은 설 연휴 마지막 날인 2008년 2월 10일 오후 8시 40분에 방화로 인한 화재가 발생하여 2월 11일 새벽 1시 55분에 석축을 제외한 건물이 전소되는 대참사가 발생된 것이다. 타오르던 불길이 발화된 지 40여 분이 지나 오후 9시 30분경에 연기만 나는 상태가 되자 불이 잡힌 것으로 착각했다. 그러나 기와 안쪽에 남아있던 불씨가 완전히 꺼지지 않고 다시 맹렬한 기세로 불길이 번져나가기 시작하였다. 발화지점으로

숭례문 화재 참상의 모습

추정되는 기와 안쪽의 '적심' 부분이 전통 목조건물의 방수처리 공법으로 처리돼 있어 아무리 물을 뿌려도 소용이 없었다.

오후 11시 20분께 냉각수 대신 거품식의 소화 약제를 뿌리기 시작했으나 효과를 보지 못하고 오후 11시 50분께부터 전격적인 지붕 해체 작업이 시작되었다. 그러나 지붕에 접근하는 것조차 어려움을 겪는 사이 불길은 점점 더 번져 나갔으며 누각 곳곳을 뚫고 5~10m 높이에 이르는 거대한 불기둥을 뿜어댔다. 숭례문 2층 누각은 11일 0시 58분께 무너져 내리기 시작해 삽시간에 붕괴가 되었으며 결국 화재 발생 5시간만인 오전 1시 54분께 600년의 역사를 자랑하는 국보는 안타깝게도 전소된 것이다. 화재 진압과정에서 많은 문제가 발생하였다.

숭례문 화재 직후 처참한 모습

숭례문 화재 이전의 모습

첫째 국보1호라는 문화재의 훼손이 우려된다는 점을 의식하여 화재 초기에 지나치게 신중하게 대처하는 바람에 초기 진화가 되지 못하였으며,

둘째는 결국 숭례문은 목재 건물인데다 기와집 형태의 건축물이기 때문에 내부 구조가 복잡해 진화를 위해 물을 대량으로 살포하더라도 건축물 내부까지 물이 침투하지 못했다. 숭례문 지붕은 맨 위에 기와를 덮고 바로 아래쪽에 흙이 있으며 그 아래에 '강화다짐' 과 '적심', '회벽바름' 등의 순으로 구성이 되어 있는데 이 가운데 적심에서 불이 발생해 아무리 물을 뿌려도 발화 지점까지 물이 도달하지 못한 것이다.

셋째는 구조물의 화재진화를 위한 구조물 설계도가 대전의 문화재청에서 보유하고 있어 소방당국이 초기에 확보하지 못한 것이다.

넷째는 문화재에 화재가 발생했을 때 어떤 식으로 화재를 진압해야 하는지에 대한 화재진압 매뉴얼이 갖춰져 있지 못한 것도 커다란 문제로 지적되고 있다.

이와 같은 문제로 화재진압이 되지 못하고 안타깝게도 국보1호인 민족의 문화유산 숭례문을 모두 태우게 된 것이다. 필자는 화재가 난 후, 이틀 뒤인 2008년 2월 14일에 안타까운 마음을 다음과 같이 기록하였다.

아! 숭례문이여

숭례문이라는 말만 들어도

금방 눈물이 나올 것만 같고 가슴이 저미어 오네.

당신은 1398년생으로 태어나신 후 610년 간 고려의 모습과

새로운 조선 건국의 모습을 보셨고

1592년 임란 7년간의 전쟁을 겪으셨으며

1910년에는 나라까지 36년간 빼앗기는 속에서도

꿋꿋이 제자리를 지키시며 민족과 더불어 함께 오셨건만

이제 못 돌아오시는 이별을 하셨으니

금방 눈물이 나오고 가슴이 저미어 옵니다.

오천년 장구한 역사 속에서도 오랜 외침 때문에

우리 겨레를 상징하는 심볼이 없어 안타까워할 때

당신께서 상징이 되고 민족혼과 수호신의 역할을 해오셨는데

아! 다시 복원이 된다 한들 서기 2610년까지 존재하신다 한들

엇그제 숭례문과 같을 수 있겠나 생각하니

그리고 내가 세상을 떠난 후에도 550년을 더 기다려야 한다니

금방 눈물이 나올 것만 같고 가슴이 저미어 옵니다.

왜 외적도 감히 넘보지 못하였는데 우리 스스로 일을 저질렀을까요.

이 허전함과 슬픔을 어찌 달랠 수 있으리오.

이제 당장 못 돌아오시는 이별을 하셨으니

금방 눈물이 나오고 가슴이 저미어 옵니다.

부디 용서하세요.

숭례문의 화재참사로 인한 국가적 손실

숭례문은 조선시대에는 새벽 4시경에 문을 열어 저녁 10시에 문을 닫을 때까지 통행을 하고 밤에는 통행이 금지되는 제도가 유지되어 왔다. 1905년 일본이 강제로 을사늑약을 한 뒤에 1907년 일본 황태자가 한국을 방문하기로 되어 당시 남대문을 통해 들어올 수 없고 남대문을 없애겠다고 하였으나 다행히 남대문은 헐리지 않고 문에 연결된 북쪽 성벽을 헐어 길을 낸 일이 있다.

1945년 8·15 해방 후에는 전차 길과 도로 때문에 사람이 접근하지 못하게 되었다. 따라서 국민들이 보다 친근하게 숭례문에 다가갈 수 있도록 2006년에 보행로 공사를 하였다. 그러나 국민들이 접근하게 한 것은 좋았으나 이에 상응하는 안전과 화재예방 등이 미흡하여 결국에는 화재 참사를 부르게 된 것이다.

화재가 발생하기 1년 전인 2007년 2월 24일에는 문화체육관광부 홈페이지 나도 한마디 코너에 22살 청년이 작성한 글을 보면 다음과 같은 내용이 있다. "숭례문 근처에서 노숙자들이 대화하는 것을 들었는데 "확 불질러버려" 라는 말을 들었습니다. 숭례문에 경비도 없고 개방은 바람직했으나 너무 경비가 되어 있지 않습니다. 관리자님 탁상위에서만 이 글에 답하지 마시고 직접 현장에 나가 보시죠 한숨만 나옵니다." (중략)

http://www.mct.go.kr/web/participation/freeBoard/freeBoardView.jsp?pSeq=58530

나도한마디
업무혁신 공유방
국민신고센터
전자공청회

나도 한마디

Home > 참여마당 >

목록 | 윗글 | 아랫글 | 답변 | 수정

존경하는 장관님

글쓴이	김영훈	날자	2007/02/24

친애하는 관리자님. 이글을 장관님이 직접보시리라
믿지않습니다.

우리나라 문화재가 가장많은곳이
어디인줄 아십니까?

저는 경복궁을 29번이나 탐사한 22살 청년이고 지금은
중국에서 유학을 하고있습니다.

첫번째 알려드릴것은 숭례문근처에서 노숙자들이
대화하는것을 들었는데 "확 불질러버려" 라고
말하는것을 들었습니다. 숭례문에 경비도 없고 너무 경비가
되어있지 않습니다. 숭례문 개방은 바람직했으나. 너무
경비가 되어있지 않습니다. 존경하는 관리자님
탁상위에서만 이글에 답하지 마시고 실무자로서
이 나라를 사랑하시는 분으로서 한번 현장에 나가보시죠.
한숨만 나옵니다.

저의 일본인 친구들은 이 나라가 볼게 없다고 하며 정말
불쌍하다고들 합니다. 그런데 그말이 맞습니다.

체계화되지 않은 불편한 관광지 통로를 가진 서울은
더욱 체계화된 관관도보환경이 필요하고 걷는 와중에도
많은 볼거리를 필요로 합니다.

존경하는 관리자님 성의있게 봐주십시오.
저는 눈물로서 호소합니다.

이번 경복궁 광화문 복원에 큰 찬사를 보냅니다.

그런데 광화문역에서 내려 경복궁으로 향할때
너무 볼거리가 없습니다.

지금부터 제가 말씀드리겠습니다. 위의 숭례문 경비 체제와
조만간 잘못하면 누가 방화할수있습니다.

화재가 발생 하기 전 문화체육관광부 '나도 한 마디' 코너 게시글

이때 이 글대로만 예방활동을 하였다면 화재참사를 면할 수가 있었으나 이를 무시하여 결국은 대형 화재가 발생하고 만 것이다.

숭례문의 화재로 인한 국가적 손실은 실로 엄청난 것이다. 무형적인 손실로는 대한민국의 정신적 지주 및 문화의 상징으로서의 무한한 가치가 훼손되었으며 유형적인 손실비용은 현재 복원된 숭례문은 4년간 2012년 12월 공사가 완료될 때까지 희귀한 금강송을 사용하여 직접 복원에 든 비용은 400억 원이 소요되었다. 결국 복원은 되었지만 서기 2622년이 되어야 현재와 비슷한 역사적 시간의 가치가 될 수 있기 때문에 손실비용은 헤아리기 어려울 정도이다. 그나마 다행스러운 것은 숭례문의 석축이 그대로 남아 있고 양녕대군의 숭례문 현판이 훼손되지 않은 것이 천운이라고 해야 할 것이다.

품질비용 체계와 숭례문의 화재

품질은 비용으로 측정하고 평가할 수 있고, 품질비용은 품질수준을 나타내는 척도이며 이를 COQ Cost of Quality 라고 하는데 품질대가인 미국의 쥬란박사는 1951년에 최초로 품질비용을 '광산에 묻힌 황금' Gold in the Mine 이라고 정의하였다.

품질이 고객을 완전하게 만족시켜야 함에도 만족시키지 못하는 모든 행위와 요소를 금액으로 환산했을 경우에 측정 가능한 비용을 품질비용(COQ)이라하고 품질비용 가운데 품질불량(품질사고, 안전사고, 품질불만, 업무결함, 인적결함, 시스템결함)으로 인한 모든 비용을 품질손실비용 즉 COPQCost of Poor Quality 라고 정의한다.

품질비용은 크게 두 가지로 대별되는데 하나는 고객의 요구사항을 일치시키고 관리하기 위한 관리비용과 다른 하나는 관리를 제대로 하지 못해 고객의 요구사항에 불일치되는 관리 불량비용으로 분류할 수 있다. 관리비용은 긍정적인 비용이며 관리 불량비용이 바로 문제가 되는 COPQ가 된다. 품질비용은 다음과 같이 크게 세 가지로 분류할 수 있는데

첫째는 예방비용Prevention-Cost으로 품질에 문제가 생기기 이전에 사전 예방을 통하여 품질을 확보하는 비용이며

둘째는 평가비용Appraisal-Cost으로 품질이 생성되는 과정에 품질문제가 예상되는 부분을 검사하고 감시하며 관리하는 비용이며

셋째는 실패비용Failure-Cost으로 품질을 제대로 관리하지 못하여 발생되는 품질사고, 품질불만 등 품질불량으로 인한 막대한 품질비용을 의미한다.

숭례문은 국보1호이며 중요한 문화재 임에도 예방활동비용에 투자를 소홀히 하였다. 국가적 유산이며 중요한 건축물임에도 일반 건축물 보험인 9,508만 원에 가입한 것은 이해가 되지 않는다. 소화 장치인 스프링클러도 설치 되어 있지 않았으며 오직 소화기 8대만을 비치한 것은 상당한 예방활동의 문제로 지적되고 있다.

또한 개방을 하여 사람들의 접근이 용이함에도 야간에 지키는 경비에 투자를 게을리 하였으며 무인 경비시스템이 설치되어 있었으나

제대로 작동이 되지 않았다.

유산의 중요성에 비추어 볼 때 문화재청에서 관리가 되어야 함에도 서울시 중구청으로 관리가 이관되면서 모든 관리가 부실하게 된 것이다. 평가활동 비용투자도 게을리 하였다. 화재 점검 및 순찰활동이 누락되었으며 목조 건물화재 방지 매뉴얼 누락으로 화재 발생 시에도 제대로 진화를 할 수 없었다. 이러한 사태로 인하여 숭례문은 엄청난 품질 실패비용이 발생하게 되어 직접 복원비용 400억 원 외에 무형적인 문화유산의 손실비용이 발생된 것이다.

숭례문 복원 후 모습(2013년)

품질경영을 위한 품질비용 시스템 구축

품질비용Quality Cost of Cost of Quality 이란 상품이나 서비스의 품질과 관련해서 발생되는 비용으로서 이미 산출되었거나 산출된 비용에 대한 개념이다. 품질경쟁력을 우위로 확보하기 위해 보다 신뢰성이 높은 제품을 경제적으로 생산할 수 있는 체제가 되어야 한다.

품질을 개선하고 품질사고를 없애기 위해서는 품질예방을 위한 비용과 일정하게 품질수준을 유지하기 위한 품질검사 및 시험분석에 소요되는 품질평가를 위한 비용이 지출된다. 품질불량이나 사고가 발생했을 때는 많은 품질비용이 발생되며 품질이 나쁘고 판매 활동이 어렵고 판매비용이 늘어나서 이익에 나쁜 영향을 미치게 된다. 따라서 품질이 나쁠 경우 판매비가 소요되면서도 판매기회를 상실하는 결과를 초래한다.

품질의 경제성은 품질가치Value of Quality와 품질코스트Cost of Quality 관계로 나타낼 수 있으며 품질의 경제성을 높이려면 품질가치를 높여서 이익을 높이고 품질비용을 낮추어 수익과 비용의 차를 크게 해야 한다.

품질경영을 발전시키는 주요 요인은 품질을 일정척도로 나타내고 관리하는 능력으로 품질보증과 품질비용의 올바른 평가척도가 마련되지 않고서는 효과적인 품질경영은 불가능하다. 품질상의 문제점을 발견한다든가 중점목표를 결정하기 위해서는 경제성이라는 입장에서 품질경영활동을 평가할 수 있어야 하며 이러한 목적을 달성할 수 있는 시스템이 품질비용 시스템이다. 결국 품질비용은 고객의 요구수준에 일치하기 위한 제반비용이며 고객요구에 대한 만족도를 측정하는 것으로 정의된다. 경제적 품질관리 활동을 위한 예방 및 평가비용을 효과적으로 사용하여 품질불량을 감소시키고 품질의 신뢰성을 향상시킬 수 있다.

품질비용 시스템은 직접 관리 가능한 비용인 품질생성비용, 즉 예방비용P-cost, 평가비용A-cost 관리를 통해서 품질 불량비용인 실패비용F-cost을 간접적으로 관리할 수 있다. 품질생성활동을 강화시키면 품질사고와 품질불량이 줄어들고 품질평가활동의 필요성이 감소된다.

궁극적으로는 품질비용을 최소화함으로써 이익을 확보하는 수단으로 활용되게 된 것이다. 우리는 숭례문의 화재참사로 인한 국가적 품질손실비용의 교훈을 통하여 향후 모든 면에서 사전에 품질 예방활동을 철저히 하여야 한다는 것을 깨닫게 되었으며 예방만이 실패비용을 최소화할 수 있다는 사실을 인식할 수 있는 중요한 계기가 되었다.

3. 당간지주를 통해 본 보이지 않는 품질

당간지주幢竿支柱의 의미와 예술성

당간지주는 당간幢竿과 지주支柱의 합성어로 사찰 입구에 사찰의 위용을 알리는 당幢이라는 깃발을 달아두게 되는데 이 깃발을 달아두는 장대를 당간幢竿이라 하며 당간을 양쪽에서 지탱해 주는 두 개의 돌기둥을 당간지주라고 한다. 마치 관공서나 학교에 국기를 달아놓는 국기게양대와 흡사한 모양을 하고 있다.

아주 오래전부터 민간신앙의 하나로 마을에 재앙이나 나쁜 악령을 물리치기 위해 설치해 놓은 솟대와 비슷한 모양을 하고 있으며 솟대는 장대위에 새 모양의 장식을 하는데 비해 당간지주는 용을 장식물로 설치하거나 사찰의 깃발을 매달아 놓는 것이 차이점이다.

당간의 용머리 용두보당

당간지주는 사찰의 위상을 높이고 부처님이 주재하는 신성한 영역임을 나타내고자 어느 건축물보다 높고 장엄하도록 휘날리는 당간을 높이 세웠다. 당간의 꼭대기에는 용머리를 올리고 입에 당을 걸어 마치 용이 여의주를 물고 있거나 성스러운 기운을 내뿜고 있는 듯한 형상을 조성하여 수 십리 멀리서도 보이게 함으로써 당간은 그곳에 사찰이 있음을 알리는 상징물의 역할을 하였다.

통일신라시대에는 경주에만 850여 개의 사찰이 있었으며 또한 당간지주도 800여 개가 있었을 것으로 추정되지만 오랜 전란의 파괴로 현재 당간은 거의 사라지고 2개의 돌기둥으로 된 지주만이 경주에만 50여 개 전해지고 있다. 1,000년이 지난 지주는 당간을 지탱하는 석재의 건축물로 현재 과학기술로도 건축하기 어려운 정교성과 견고성을 나타내는 우수한 품질로 평가되고 있으며 지주(보통 3~5m)에 비해 당간은 지주의 4~5배에 이르기 때문에 당간지주의 전체 높이가 보통 10~30m에 이르는 대단한 건축물인 것이다.

당간지주幢竿支柱의 역사성과 존재

한국은 지금으로부터 1,646년 전인 서기 372년 고구려 소수림왕 때 불교가 전래됨과 동시에 목조 및 석조 등의 조형물이 건립 조성되면서 시작되었다. 석조미술품 중에는 불상과 석탑이 대표적이며 그 외에 석조, 부도, 석등, 석비, 당간지주 등이 있다.

당간지주는 삼국시대부터 고려시대까지 성행한 후에 조선시대에 불교가 위축되면서 주목을 받지 못하였으나 최근 문화적 관심과 독특한 건축물로 다시 태어나고 있다. 한국과 달리 중국이나 일본의 사찰에는 당간지주가 크게 성행하지 않았으며 우리나라의 당간지주가 한국의 전통과 민간 신앙적인 독특한 방식으로 유래되고 있는 것이다.

당간지주는 돌로 만드는 것이 보통이지만 철이나 금동과 나무로도 만들어 지며 2개의 기둥을 60㎝에서 1m 간격으로 양쪽에 세우고 마주보는 안쪽 면에 간杆을 설치하기 위한 간구杆溝나 간공杆孔을 두고 아래에는 간대竿臺나 기단 부를 설치하였다. 간구는 안쪽 상단에 있으며 간공은 2~3개의 구멍이 있고 현재 남아 있는 당간지주는 기단부가 거의 파손되어 있는 상태이며 대부분 통일신라시대 이후의 것이 많다.

당간지주는 남북한을 합하여 총 1~2백 여기 정도가 남아 있으나 대부분 남한에 집중 분포되어 있고 이 가운데 현재 당간까지 완벽히 남아있는 것은 10여 기 정도가 남아있다. 많은 당간이 목재로 만들어져 대부분 화재로 소실되었고 현재까지 남아있는 목조당간은 한 기도 없으며 내구성이 뛰어난 석재와 철재로 된 당간만이 남아있다.

경북 풍기에서 발견된 당간지주의 금동용두金銅龍頭

1977년 경북 풍기에서 하수도 공사 중 인부들이 발견한 금동용형 당간두(보물1410호)는 용두보당 중 용머리 장식 부분만 남아 있는 실물로 국립 대구 박물관에 보관되어 오고 있다.

처음에는 국립박물관의 전문가들조차도 무엇에 쓴 용머리인지 몰랐으나 연구 끝에 당간지주 위에 장식한 금동용형의 머리라는 사실을 발견하였다. 이 유물은 통일신라시대 유물로 높이는 65㎝이기 때문에 당간을 포함한 전체 높이는 약 20여 m에 이르렀을 것으로 추정되며 부석사의 당간지주의 용두일 것이라는 추측만을 하고 있다.

금동용형 당간두는 금방이라도 튀어나올 듯 두 눈을 크게 부릅뜨고 있고 윗입술이 과하게 길게 뻗친 입에는 여의주를 물었으며 아래 위 송곳니가 모두 위쪽을 향해 날카롭게 휘어져 있는 것이 특징적이다. 목을 앞으로 쑥 내밀어 휘어진 역동적인 몸통에는 두 가닥의 선으로 비늘을 촘촘히 음각하였으며 각 비늘마다 꽃무늬 같은 문양을 새겨 넣었다. 또한 목과 만나는 입 안쪽으로 도르래가 장착된 구조로 되어 있어 턱 밑을 뚫고 어금니 부분을 못으로 고정시켜 놓아 실제로 사용할 수 있도록 고안

한 것으로 보인다.

이와 같이 통일신라 간두로는 매우 희귀한 예로 통일 신라의 조각사, 공예사 및 건축사적으로도 중요하며 또한 도르래의 사용에서 과학사적으로도 참고가 되는 중요한 유물이다.

따라서 맑은 날 금동용두 당간지주에서 햇빛에 반짝이는 모습은 화려했을 것이며 특히 통일 신라의 경주에서만 800여 개의 당간지주가 현재까지 존재한다면 전 세계적으로도 유례가 없는 문화예술의 극치가 되었을 것임을 알려주는 계기가 된 것이다.

한국에서 가장 큰 강릉 굴산사지 당간지주의 위용(높이 5.4m)

현존하는 당간지주幢竿支柱의 종류와 실체

현재 우리나라 남한에 남아있는 당간지주는 통일신라시대의 것이 대부분이다. 당간이 있는 당간지주는 공주 갑사 철당간과 청주 용두사지 철당간, 보은 법주사 철당간, 나주 동문의 석당간, 담양 읍내의 석당간, 안성 칠장사 철당간, 부안 서외리 석당간, 영광 단주리 석당간, 양산 통도사 석당간 등이 있다. 당간의 조형물은 리움미술관에 소장된 금동 용두보당(국보 제136호)과 금동 당간용두(보물 제1410호), 청주 흥덕사지 청동용두보당(국립청주박물관), 금동용두장식(국립춘천박물관). 부소산성출토 금동제 당번간두 봉황장식(국립부여박물관)이 있다.

서산 보원사지 당간지주(보물 제 103호)

익산 미륵사지 당간지주(보물 제 236호)

또한 당간은 없으나 현재 당간지주만 존재하는 것은 부석사 당간지주(浮石寺幢竿支柱 : 보물 제255호), 숙수사지 당간지주(보물 제59호), 금산사 당간지주(보물 제28호), 827년이라는 제작연대가 새겨져 있는 중초사지 당간지주(보물 제4호) 보원사지 당간지주(보물 제103호), 천흥사지 당간지주(보물 제99호), 춘천근화동 당간지주(보물 제76호), 경주 삼랑사지 당간지주(보물 127호), 홍천 희망리 당간지주(보물 제80호), 만복사지 당간지주萬福寺址幢竿支柱(보물 제32호), 천흥사지 당간지주天興寺址幢竿支柱(보물 제99호), 가장 규모가 큰 강릉 굴산사지 당간지주(보물 86호)와 가장 오래된 사천왕사 당간지주 등이 있다.

공주 갑사 철당간(보물 제 256호)

보은 속리산 법주사 철당간

가장 큰 규모의 강릉 굴산사지 당간지주幢竿支柱

신라 문성왕 9년(847) 범일국사가 창건한 굴산사의 옛 절터에 있는 강릉 굴산사지 당간지주(보물 86호)는 규모면에서 지주만 5.4m로 한국에서 가장 크다. 강원도 강릉시 구정면 학산 2리에 소재하고 있는 이 당간지주는 전반적으로 소박하면서도 규모가 거대해 웅장한 조형미를 보여주고 있다. 거대한 한 덩이의 돌을 사용하였으며 사면에는 아무 장식이 없는 평면, 하부는 돌을 다듬을 때 생기는 선 조각이 없어지지 않고 그대로 남아 있다. 서로 마주보는 내면과 외측 면이 수직을 이루며 앞뒤 양면은 상부까지 수직이다. 머리 부분은 양쪽에서 점차 둥글게 깎아 곡선을 이루었으며 정상은 뾰족하게 만들었다.

당간을 고정시키는 간은 위아래 두 곳에 있으며 상부는 둥근 구멍을 만들어 간을 설치하였고 하부는 구멍을 뚫어 간을 끼우게 하였다. 규모가 거대하고 소박하며 생동감과 우뚝 선 기상을 느낄 수 있는 조형미를 나타낸다.

굴산사지 당간지주는 굴산사지에서 남쪽으로 좀 떨어진 넓은 언덕의 경작지 한 가운데에 세워져 있다. 현재 깃대는 없어지고 지주만 남아 있으며 남쪽 지주의 뾰족한 정상 부분이 파손되었다. 굴산사지 당간지주는 굴산사지에서 남쪽으로 좀 떨어진 언덕의 경작지 한가운데 세워져 있다.

굴산사는 신라 구산선문 중 하나인 사굴산파의 본산으로 범일국사가 서기 851년에 창건하였으며 거란족의 침입으로 고려 때 폐사된 것으로 추정되고 있다.

굴산사지 일대는 농경지로 변하여 절의 위치와 가람배치에 대하여 전혀 알지 못했으나 1949년 기축년 대홍수로 초석이 일부가 발견되었다. 그 후 2002년 태풍 루사의 영향으로 주변 하천의 물길이 바뀌면서 건물의 초석과 기단 등이 발견되었으나 아직까지 전체 규모를 파악하지 못하고 있다. 현재 과거의 모습은 보이지는 않지만 당간지주를 통해 당시를 유추해본다면 엄청나고 웅장한 사찰의 규모를 짐작하게 한다.

우수하고 독특한 당간지주幢竿支柱 품질의 실체

한국에는 우수한 많은 문화유산이 있으나 이 가운데 외국에도 없는 독특한 유산이 당간지주다. 오래된 민족 신앙과 연계된 하늘을 숭배하는 사상과 배의 돛대에 해당되는 풍수사상 등이 불교문화와 어우러져 새로 탄생한 것이 당간지주이다.

오랜 역사 속에서 당간지주 대부분이 사라졌으나 아직도 남아있는 우수한 당간지주가 당시의 규모와 예술성을 간직하고 전해오고 있는 것이다. 특히 보이지 않는 사찰과 많은 건축물들이 당간지주를 통해 보이지는 않으나 안 보이는 부분을 상징적으로 볼 수 있도록 제시하고 있다.

품질 또한 보이는 부분보다는 안 보이는 부분의 비중이 크고 중요하다. 따라서 오늘을 사는 우리 국민에게 당간지주는 훌륭하고 커다란 많은 교훈을 제시하고 있으며 이러한 선조의 슬기로운 기상과 우수한 문화유산 품질의 정신을 계승하여 품질이 국가 경쟁력의 원천이라는 사실을 알게 되었다. 향후에도 찬란한 문화유산품질 정신을 계승 발전시켜 나가야 할 것이다.

최대 규모 굴산사지 당간지주 모습

6. 천불천탑의 비밀과 운주

천불천탑 조성의 비밀

전남 화순군 도암면 대초리와 용강리 천불산 다탑봉 아래 남쪽으로 완만하게 뻗은 골짜기에는 수많은 돌탑과 불상 들이 늘어서 있다. 동국여지승람(조선 성종 1481 편찬)에 따르면 '운주사 재천불산 사지좌우산척 석불석탑 각일천 우유석실 이석불 상배이좌雲住寺 在天佛山 寺之左右山脊 石佛石塔 各一千 又有石室 二石佛 相背以坐'라는 기록이 남아 있어 운주사는 천불산에 있으며 산마루에 석불과 석탑이 각각 1,000여 개가 있고 감실 석조불감도 있는데 서로 등을 대고 앉아 있다고 기록되어 있다. 현재 남아 있는 대표적 유물로는 석조불감(보물 797호)과 9층석탑(보물 796호), 원형다층석탑(보물 798호), 와불 및 칠성바위 등이 있으며 지금까지 90여 기의 석불과 20여 기의 석탑이 존재하고 있어 당시의 규모를 짐작할 수 있다.

신라 말 풍수의 대가이며 고려 개국의 왕사인 도선국사가 풍수에 근거한 비보사찰, 즉 허한 곳을 실하고 강한 곳을 부드럽게 도와준다는 지혜가 담긴 사찰로 운주運舟는 구름이 머문다는 뜻과 배의 운행의 두 가지 뜻이 전해진다.

전설에 다르면 도선국사가 하룻밤에 천불천탑을 조성하였다고 하였으며 동국여지지에는 고려 광종 때, 관촉사 은진미륵을 조성한 혜명스님이 1,000여 명을 동원하여 하룻밤 사이에 건립되었다고도 전해진다.

운주사는 지금까지 다른 사찰에서는 전혀 볼 수 없었던 가식이 전혀 없는 편안하고 다정한 불상의 모습과 미륵과 민간신앙을 엿볼 수 있는 특이하고 불가사의한 우리의 문화유산인 것이다.

운주사의 대표적 석탑과 불감의 의미

운주사에는 많은 문화유산이 있는데 그 중에서도 몇 가지 불가사의한 유물들이 있다. 우선 현존하는 탑 중에서 가장 큰 석탑은 운주사 9층 석탑(보물 796호)으로 높이 10.7m이며 기단부가 생략되어 있고 거대한 암반 위에 문양은 마름모꼴 안에 꽃무늬가 있는 경우와 十자 모양이 새겨져 기하학적 문양이 가득히 조각되어 있으며 옥개석은 아름다우면서도 세련된 형태를 나타내고 있다.

운주사는 풍수지리상 배형국이라 하는데 9층 석탑은 돛대

역할을 한다고 전해지며 운주사 석탑 가운데 백미라고 할 수 있다. 또한 석조불감은 보물 제 797호로 높이 5.07m로, 남쪽 석불좌상이 2.45m이며 북쪽 석불좌상이 2.64m로 팔작지붕 안에 석불 두 분이 벽을 사이에 두고 등을 대고 있는 형태로 있는 것이 특이하다.

운주사 원형다층석탑은 보물 제798호로 높이 5.71m이며 연화탑, 떡탑 등으로 불린다. 바닥에서 탑 꼭대기까지 둥근 모습을 하고 있으며 5장의 큰 돌로 구성되어 있다. 각 면을 10각으로 깎아 원형에 가까운 형태로 둥글게 처리 하였고 표면에는 16장의 연잎이 조각되어 전체적으로 안정감 있는 원형 탑이다.

누워있는 와불과 새로운 세상 도래의 전설

운주사 서쪽 산능선에는 아직까지 미완성으로 남아있는 13m의 거대한 와불臥佛이 있는데 남편불은 앉아있는 좌상이며 아내불은 서있는 입상형태로 누워있는 세계에서 유일하게 좌상과 입상의 형태로 누워있다. 운주사 와불은 전설에 의하면 도선국사가 하루 낮과 밤사이에 천불천탑을 세워 새로운 세상을 만들어 보고자 했으나 공사가 끝날 무렵 새벽에 “꼬끼오” 하고 닭 울음소리가 나는 바람에 석수장이들이 날이 샌 줄 알고 하늘로 가버려 결국 일어서지 못한 와 불로 남게 되었다는 설화가 전해진다. 민간설화에서 누워 일어날 수 없는 와불이 일어나면 미륵이 도래하고 와불이 일어나는 날, 새로운 세상이 온다고 사람들은 믿고 있으며 이곳이 불국토의 중심이 된다고 전해오고 있다.

황석영의 소설 장길산에는 미륵신앙의 본거지로 천불천탑을 세우고 누워있는 와불을 일으켜 세운다면 민중해방과 미륵세상이 열린다는 백성의 염원이 깃든 땅으로도 묘사되어 있다.

칠성바위 조각의 불가사의 북두칠성은 인간의 수명과 재복, 자식복을 의미하는 민간 신앙인 칠성신앙이 있다. 운주사에는 세계 어디에도 볼 수 없는 칠성바위가 수십 톤의 크기별로 조각되어 있다. 서로 다른 7개의 타원형 돌이 북두칠성을 상징하면서 칠성바위란 이름이 붙여졌고 큰 돌은 지름이 4m 두께가 50㎝에 이른다.

칠성바위의 위치각이 북두칠성의 각도와 똑같아지는 날, 미륵세상이 온다고 하며 칠성바위 일부를 깨트려 자기 집 주춧돌로 삼았다가 벼락을 맞았다는 설화도 있어 더욱 신비롭다.

칠성바위의 각 위치와 바위의 지름이 별의 밝기의 정도에 따라 크고 작은 것이 북두칠성과 일치하고 칠성바위를 중심으로 가장 밝은 주위의 별자리 위치와 맞는다는 학설도 존재하고 있다.

북두칠성을 신앙의 대상으로 삼는 민간 신앙에 불교가 도입되면서 기존의 토속 민간 신앙을 품어 불교가 그렇게 큰 장애를 겪지 않고 민간에 받아들여졌다고 한다.

운주사 칠성바위

V. 감동경영 문화유산

1. 존경받는 기업으로 가는 '참 품질' 패러다임

21세기 글로벌시대 '품질 경쟁력' 이란?

21세기 글로벌시대에서는 모든 분야에서 수요에 비해 공급이 과잉되고 있어 그동안 기업에서 결정했던 제품과 서비스의 품질, 그리고 가격 결정권이 고객의 손으로 넘어가게 되었다. 따라서 이 같은 환경에 대응하는 경쟁력 확보를 위해 새로운 '품질전략' 이 필요한 시점이다.

국가 경쟁력은 곧 국제 경쟁력을 의미하며, 경쟁력을 갖춘 기업을 어느 나라가 가장 많이 확보하고 있느냐가 중요한 요소가 되고 있는 시대다. 여기서 기업의 경쟁력이란 기업에서 제공하는 제품과 서비스에 대한 유형의 가격 경쟁력과 무형의 품질 경쟁력을 의미하며, 기업을 존속케 하는 가장 기본이 되는 중요한 경쟁력은 바로 '품질 경쟁력' 이다.

품질 경쟁력은 기업에서 제공되는 상품 및 서비스를 구매하는 고객의 만족이 목표이며, 이제는 단순한 만족을 넘어 고객을 감동시켜야만 한다. 결국, 고객이 원하는 '요구품질'을 기업에서 제대로 만들어 제공해야 한다는 것이다.

그 동안 수많은 기업에서 제공하는 품질은 고객이 진정으로 원하는 품질인 '참 품질'True Quality이 아닌 '대용품질'Optimum Quality이었기 때문에 고객을 만족시키지 못해온 것이 현실이다. 기업의 품질이 고객이 원하는 참 품질 수준이 되기 위해서는 참의 진정한 의미와 참 품질의 본질을 정확히 이해하여야 하며 다음과 같이 참 품질에 대한 개념과 이론을 제시함으로써 기업이 품질경쟁력을 확보할 수 있는 계기가 되었으면 한다.

순우리말 '참'에 담긴 진짜 의미

우리 선조들은 예로부터 중요한 의미를 지닌 단어는 한 글자로써 뜻을 의미하는 외마디(소리나 말의 단 한마디)로 표현하였다. 일례로 사람의 일생 동안 중요한 세 가지를 의衣·식食·주住로 표현했는데, 각각 옷·밥·집을 뜻하였으며 중요한 한마디 말로 되어 있다.

이밖에도 글, 길, 잠, 삶, 물, 불, 말, 낮, 밤 등 많은 단어들이 존재하는데 모두 순우리말이다. 바로 이렇듯 한 개의 글자로 표현된 순우리말 중 하나가 '참' 이다.

참의 사전적 의미를 살펴보면

첫째, 사실이나 이치에 조금도 어긋남이 없는 것을 의미하며

둘째, 이치와 논리에서 오직 진리를 의미한다. 한문으로는 '진'眞을 의미하며 순수함과 정신적인 의미까지 포함한다. 영문으로는 Truth, Reality, Actuality, Genuineness, Sincerity, Fidelity, Fact 등이 있으며 모두 다 진실과 순수성 등 진짜인 '참' 을 의미한다.

참이 사용된 단어의 사례를 나타낸 <표>를 통해 참의 진정한 의미를 살펴보자. 참나무는 진짜 나무를 의미하는데, 이는 지구상에 무수한 나무(소나무, 대나무, 미루나무, 느티나무 등)가 있으나 우리 선조들은 오직 참나무만이 진짜 나무라고 여겨왔다.

<표> '참' 을 사용한 단어의 종류와 의미

명칭	의미	명칭	의미
참나무	진짜 나무	참숯	진짜 숯
참치	진짜 물고기	참 이슬	진짜 이슬
참새	진짜 새	참조기	진짜 조기
참깨	진짜 깨	참게	진짜 게
참붕어	진짜 붕어	참기름	진짜 기름
참빗	진짜 빗	참나물	진짜 나물
참말	진짜 말	참꽃	진짜 꽃
참외	진짜 오이	참죽	진짜 대나무
참사랑	진짜 사랑	참 품질	진짜 품질

1993년에 입적한 성철스님은 돌아가시기 20년 전부터 가끔씩 산에서 나무를 주어다 말리고 보관했다고 한다. 자신이 입적한 후에 다비식(화장)에 쓸 나무를 다른 사람의 손을 빌리지 않고 스스로 준비해 놓겠다는 깊은 뜻이 있었다. 당시 성철스님이 준비한 나무가 다름 아닌 참나무였다. 다른 나무로는 제대로 화장이 안 되기 때문이다.

참나무만이 단단하며 오래탈 수 있다. 그래서 진짜 숯을 의미하는 참숯은 '참나무' 로만 만들 수 있다. 우리가 먹는 간장을 담글 때도 메주가 담긴 소금물에 반드시 참숯이 들어가야 제 맛이 난다.

《노인과 바다》는 헤밍웨이가 1952년에 발표한 중편소설로 84일간이나 아무런 어획漁獲도 없이 망망대해를 헤매던 늙은 어부가 85일째 되는 날 거대한 물고기를 이틀간의 악전고투 끝에 간신히 잡아 선측船側에 매어 끌고 돌아오는 도중에 상어 떼에게 다 뜯어 먹히고 항구에 닿았을 때 물고기는 머리와 뼈만 남아 있었다는 이야기이다. 여기서 거대한 물고기가 다름 아닌 참치의 일종인 청새치로 참치는 '진짜 물고기' 라는 뜻이다. 꽁치, 갈치, 넙치 등 바다에는 많은 물고기가 있으나 우리 선조들은 참치만이 진짜 물고기라 표현한 것이다.

오늘날 전 세계 참치 생산량의 약 30%를 소비하는 일본이 세계 '최장수 국가' 가 된 주요 이유 중 하나를 불포화 지방산이 많이 함유된 참치를 즐겨먹는 식생활에서 찾을 수 있다고 한다. 현재 일본 우에노上野 어시장에서 커다란 참치(약 600kg)가 1,800만 엔(한화로 약 2억 원 정도)에 경매되고 있는 사실만 보더라도 일본인들이 참치를 얼마나 즐겨먹는지 잘 알 수 있다.

지구상에는 8,626종의 많은 새가 살고 있다. 까치, 기러기, 원앙새를 비롯해 2,800km를 이동하는 두루미도 있으며, 헬리콥터나 고속전철의 속도인 시속 250km 이상으로 날아가는 제비도 있다. 그러나 우리 선조들은 참새를 진짜 새로 여겼다. 참새는 몸집이 작아 평생토록 먹이 걱정 없이 살 수 있을 뿐만 아니라 제비처럼 계절에 따라 이동하는 철새가 아닌 텃새로 편안한 일생을 보내기 때문이다.

또한 "참새가 소등에 올라가서 네 고기 열 점과 내 고기 한 점을 바꾸지 않는다고 한다." 는 속담이 있을 정도로 참새는 그 고기 맛과 효능이 뛰어나다고 한다.

기름 중에 진짜 기름은 바로 참기름이다. 참기름은 반드시 진짜 깨인 참깨를 짜야만 얻을 수 있다. 낚시에서 한 자一尺 (약 30.3㎝)가 넘는 물고기를 월척이라 하며, 낚시인에게는 가장 큰 기쁨 자체이기도 하다. 이때 월척은 아무 고기나 되는 것이 아니고 반드시 참붕어인 진짜 붕어만이 월척이라 할 수 있다. 빗도 참빗만이 진짜 빗이며, 말도 진짜 말은 참말이며, 사랑도 참사랑이 진짜이고, 오이도 진짜 오이는 참외라고 하였다.

이외에도 우리 생활 속에 진짜의 의미를 가진 단어가 많다. 그 가운데 하나가 바로 우리의 연구대상인 '참 품질' 이다. 참 품질은 '진짜 품질' 을 의미하는 것이다.

고객이 진정으로 원하는 품질

고객이 진정으로 원하는 품질은 다름 아닌 '참 품질' 이다. 앞에서 '참' 에 대해 살펴보았듯이 진짜를 의미하는 품질을 요구하는 것이다. 현재 이 세상에는 무수히 많은 제품과 서비스가 제공되고 있으나 대부분 고객이 원하는 참 품질이기보다는 기업의 품질인 대용품질이 세상을 지배하고 있다. 즉, 고객이 진정으로 원하는 참 품질이 아닌 것이다.

우리가 지금 입고 있는 옷, 시청하는 텔레비전, 앉아 있는 의자 등 많은 제품이 고객이 진정으로 원하지 않는 기업의 대용품질일 수가 있다. 따라서 기업이 무한 경쟁력을 확보하기 위해서는 참 품질에 가까운 제품을 시장에 내놓아야 한다. 한 예로 에디슨이 필라멘트를 발명하여 백열전구를 시장에 선보였을 때 백열전구야말로 참 품질을 갖추고 있으며, 1988년 모토롤라가 휴대폰을 시장에 처음으로 내놓은 것도 같은 이치이다. 그런데 고객이 원하는 자동차의 참 품질은 '잘 달리지 튼튼하지 기름 적게 들지 디자인 멋있고 세련되지 고장 없지' 등인데 반해 기업에서는 인장강도, 경도, 연비, 내구성, 도장두께 등 대용품질 특성에만 의존하고 있다. 고객이 전문가가 아닌 이상 인장강도나 도막두께 같은 용어를 알리가 없다. 물론 고객의 요구품질을 기업의 설계특성에 적용 시 어쩔 수 없이 대용특성으로 변환시켜야 한다는 것은 당연하다. 다만 주의해야 할 것은 대용특성으로 변환 시에 고객의 요구품질인 참 품질과 대용품질 간에 격차Gap가 벌어져 고객이 전혀 원하지 않는 품질로 변경될 수 있다는 점이다.

오늘날 '블루오션' 이라는 단어가 기업의 화두가 되고 있다. 블루오션에는 고객의 요구품질인 참 품질에 보다 가까우며 무한 경쟁력을 확보했다는 의미가 담겨 있다. 최근 우리나라는 적잖은 산업분야에서 글로벌 경쟁력을 확보해 나가고 있다. 따라서 이제 우리 선조들의 지혜를 거울삼아 참 품질 패러다임을 적용하여 더욱 많은 분야에서 국가 경쟁력을 확보할 수 있는 계기를 마련해야 한다.

유네스코 세계문화유산으로 지정된 창덕궁의 부용지芙蓉池는 임금이 낚시도 하고 휴식도 취하는 부용정이라는 정자가 있는 연못이다. 풍경이 아름다우며 천원지방天圓地方의 의미인 하늘은 둥글고 땅은 각이 졌다는 의미로 연못은 사각형이고 연못 가운데 섬은 둥글게 구성되어 있다.

부용정에서 바라보는 주합루라는 건물의 출입문에는 '어수문'魚水門이라는 현판이 있어 임금이 휴식 중에도 바로 볼 수 있도록 되어있다. 이 어수문은 임금이 고기에 비유된다면 백성은 물에 비유된다는 의미를 상징하고 있으며, 이는 백성을 떠나 임금은 홀로 존재할 수 없기 때문에 임금은 백성을 태평성대로서 만족시켜야 한다는 높은 뜻을 담고 있다.

창덕궁의 부용지와 부용정

기업 또한 고객을 만족시켜야만 존재할 수 있다. 즉, 어수문魚水門이 상징하는 바와 같이 기업이라는 물고기는 고객이라는 물속에 살고 있기 때문에 기업 최고의 목표가 바로 고객만족이며, 고객이 원하는 참 품질이야말로 이러한 목표를 실현하는 방안이라고 할 수 있다.

참 품질은 <그림>과 같이 이상적이며, 정성적이고, 목표적이며, 최상을 의미하는 고객 요구품질을 의미한다. 그러나 기업에서 제공하는 대용품질은 현실적이며, 정량적이고, 목표보다는 수단이며, 최선을 의미하는 기업의 품질이다. 따라서 참 품질과 대용품질 간에는 처음부터 격차Gap가 생길 수밖에 없다. 따라서 기업이 고객 요구품질인 참 품질을 달성하기 위해서는 이러한 격차를 완전히 없애거나 아니면 최대한 줄이는 노력이 필요하다.

<그림> 참 품질 True Quality 과 대용 품질 Optimum Quality

참품질 True Quality

이상적 의미 Ideal

정성적 의미 Qualitative

목표적 의미 Target

최상의 의미 Excellence

고객 요구 품질 What

격차 GAP

대용 품질 Optimum Quality

현실적 의미 Present

정량적 의미 Quantitative

수단적 의미 Means

최선의 의미 Best

기업의 품질 How

기업이 참 품질을 달성하기 위해 필요한 것은 다음과 같다.

첫째 '창의성' Creativity을 갖추어야 한다. 창의성은 새로운 것을 상상하고 창출하는 힘이다. 즉 지금까지 없었던 무언가 새로운 것을 세상에 내놓을 수 있는 능력으로, 이를 위해 조직의 전 구성원이 가진 특별한 재능을 개발하고 새로운 지식을 넓히며 상상력을 동원하여 독창적인 방법을 찾아야 한다.

둘째 '열정' Passion이다. 열정은 조직 구성원 모두가 즐거움과 행복으로 충만한 상태를 말하며 어떤 일에 열정을 가질 때 그 일에 온 마음과 힘을 쏟게 되며 긍정적인 시각을 갖게 된다. 또한 열정 속에는 영감의 불씨가 담겨져 있다.

셋째 '탁월성' Excellence이다. 탁월성은 최선을 다하고 전력을 기울였을 때 비로소 얻어지는 것이며, 고귀한 목적을 향한 노력의 결정체로 완전성을 향한 목표를 달성하는 능력이다. 모든 씨앗의 완성은 열매이듯이 조직의 전 구성원이 가진 재능의 씨앗도 탁월성을 추구함으로써 열매를 맺게 된다.

최근의 기업의 품질은 '3P 품질' 을 의미하는데

첫째는 제품Product의 품질로 기업에서 제공하는 제품과 서비스의 품질이 최상일 뿐만 아니라 세계 최고의 경쟁력을 갖추어야 한다.

둘째는 업무Process의 품질이 최상으로 갖추어져야 한다. 결과품질인 제품의 품질이 최고가 되기 위해서는 원인품질에 해당되는 업무의 품질이 중요하며 때문에 기업의 모든 업무시스템이 완벽하게 유지되고 관리되어야 한다.

셋째로 사람People의 품질이다. 제품이나 업무의 주인은 사람이며, 사람의 품질이 최상이 되지 못하면 참 품질을 달성하기 어렵다. 따라서 창의성과 열정을 갖추고 탁월성을 추구하는 사람의 품질이 가장 중요하다. 결국, 이러한 3P의 달성을 통하여 참 품질이 실현되고, 5P에 해당되는 생산성Productivity과 이익Profit을 달성할 수 있는 것이다.

무한경쟁시대 '존경받는 기업' 으로 가는 길

최근 기업을 둘러싼 환경의 변화의 속도는 그야말로 예측불허다. 게다가 글로벌 시장은 무한경쟁으로 치닫고 있다. 기업은 이제 새로운 패러다임에 맞는 경쟁력 확보를 위한 품질전략이 필요하며, 고객의 요구품질인 '참 품질' 을 실현해야만 한다. 따라서 기업이 적자생존의 현실 속에서 무한 경쟁력을 확보하기 위해서는 참 품질의 올바른 개념과 본질을 이해하고 이를 달성할 수 있는 실천력의 배양이 중요하다. 최근 어려운 글로벌 경제 상황을 슬기롭게 극복하고 전천후 기업 경쟁력을 갖추는데 참 품질의 실현이야말로 그 열쇠가 될 수 있다.

앞서 언급한 창덕궁의 어수문魚水門이 상징하는 바처럼 고객이 진정으로 필요로 하고 원하는 참 품질을 고객에게 제공함으로써 고객으로부터 존경받는 기업이 될 것이기 때문이다.

2. 풍수風水품질의 극치 남연군묘南延君墓

풍수의 본질과 기본사상

사람은 자연에서 태어나 자연으로 돌아가는 절대성으로 인해 사람들은 오래전부터 풍수에 대해 많은 관심을 갖고 살아왔다.

동양에서 풍수란 음양오행설에 바탕을 둔 실천 철학이었다. 만물을 생성시키는 자연의 기를 받아 복을 누릴 수 있다는 환경 결정론적 사고방식과 관계가 깊다.

풍수는 글자 그대로 '바람과 물' 을 뜻하고 바람은 감추며 수水에 생기가 있기 때문에 생기가 축적되면 복을 가져온다고 믿는 길흉화복吉凶禍福의 철학으로 땅과 공간의 해석을 체계화한 배산 임수의 풍수지리학설이다.

우주만물의 이치를 양중유음陽中有陰하고, 음중유양陰中有陽이라는 음양상생陰陽相生의 원리를 풍수에 적용 하였으며 만물을 생성시키는 근원적 힘인 기가 산을 따라 흐르다가 특정 장소에 집중되면 혈을 이루게 되는데 이곳에 국가의 도읍이나 개인의 주택 그리고 묘지를 정하면 땅 속의 기를 받아 복을 누리게 된다는 의미로 해석 될 수 있다. 풍수사상은 한국을 비롯한 동양인의 생활에 많은 영향을 끼쳤으며 현재 서울인 조선의 한양천도도 결국 풍수사상과 깊은 관련이 있다.

흥선대원군과 풍수의 인연

풍수風水는 장풍득수藏風得水라는 말에서 유래되었으며 생기가 바람을 만나면 흩어지기 때문에 장풍은 바람을 감춘다는 뜻이다. 득수得水는 땅에 수기가 있으면 생기가 있고 생기가 축적되면 지상에 복을 가져온다고 믿는 동양의 철학, 지리학, 건축학의 종합이라고 볼 수 있다. 풍수에서 중요한 것이 명당이며 높고 낮은 산이 사방을 에워싼 가운데 작은 하천이 모여 흘러 나가는 장소로 땅의 근본적 힘인 기가 산을 따라 흐르다가 특정 장소에 집중되면 혈을 이루게 되며 이를 명당이라고 한다.

고종의 부친인 흥선대원군은 안동김씨 세도정치 하에서 풍수공부를 하며 전국의 명산을 찾아 다녔으나 마음에 드는 명당은 나타나지 않았다. 마침 당대의 풍수지관인 정만인이 충남 덕산 가야산 동쪽에 이대천자지지 二代天子之地의 자리가 있는데 여기다 묘를 쓰면 2대 二代에 걸쳐 천자天子가 나오며 10여 년 안에 틀림없이 아드님이 제왕이 될 것이라고 예견하였다. 흥선대원군은 무너진 왕권을 회복하고 실권을 잡기 위해서 1845년 아버지인 남연군(흥선대원군의 아버지 이구李球이며 16대 인조의 셋째 아들인 인평대군의 6대 손) 묘를 경기도 연천에서 명당인 덕산으로 이장하게 되었으며 결국 정만인의 예상대로 남연군묘를 이장하고 난 7년 후, 흥선대원군은 차남 명복命福(아명)을 얻게 되었다.

제 25대 철종이 후사 없이 죽게 되자 남연군의 손자이며 흥선대원군의 둘째 아들인 명복이 26대 고종으로 보위에 오르는 기적 같은 일이 일어나게 되었다. 남연군묘의 이장 때 상여를 연천에서 가야산까지 운구하였는데 한 지방을 지날 때마다 그 지방민이 동원되어 상여를 메었으며 가장 마지막 도착 마을인 '남은들' 마을에 기증되어 보존되어 있으며 현재 우리나라에서 현존하는 가장 오래된 유물로 지정되어 있다.

풍수명당 대원군 부친 남연군묘

천하의 풍수명당 남연군묘

명당 중의 명당 남연군묘는 예산군 덕산면 상가리 가야산 자락에 있다. 석문봉(653m)을 중심으로 좌로는 가야산 정상인 가야봉(677m)이, 우로는 옥양 봉(621m)이 병풍을 두른 듯 웅장한 자태를 확연히 나타내고 있다. 풍수상 천을天乙, 태을太乙이 호위하고 있는 듯하며 천을과 태을은 북극성 주변의 별로 천황대제를 뜻하는 천황대제성天皇大帝星으로 좌우에서 보좌하는 별을 의미한다.

석문봉을 중심으로 3개의 봉우리가 균형 잡힌 형태로 늘어서 있는 모습이 마치 큰 봉황의 머리와 양쪽 날개를 연상시키는 분위기를 자아내고 있으며 남연군묘의 주룡主龍인 주산主山의 줄기는 석문봉의 중심에서 좌선左旋으로 출맥出脈하여 수많은 기복굴곡起伏屈曲을 하면서 크고 작은 봉우리를 만들고 억센 기氣를 정제하고 순화하며 내려와 크게 혈장穴場을 만들었다.

풍수에서는 혈을 품고 있는 일정범위를 혈장穴場이라고 하며 뚜렷한 용맥 위에 불룩 솟은 형태이고 가마솥을 엎어놓은 것처럼 볼록한 형태로 볼 수 있다. 석문봉에서 뻗은 여러 산줄기 중 가장 튼튼하고 힘찬 모습이 살아 움직이는 것 같고 풍수지리에서 혈의 크기는 주룡에 의해서 결정된다고 하는데 힘찬 용맥이 천자지지의 명당이 된 것이며 풍수를 모르는 처음 가보는 사람일지라도 탄성이 나올 만하다.

남연군묘 앞의 조망은 마치 만조백관이 조아리는 형상으로 아주 먼 곳까지 시야가 틔어 있으며 청룡과 백호를 이루는 산줄기는 서로 이어져 혈을 감싸며 상가리 입구의 수구水口를 막아 가히 명당이라 할 만하다. 물론 풍수가 완벽할 수는 없으며 흠결이 보이는데 청룡 쪽이 혈과 많은 거리를 두고 감싸니 그 사이가 풍살이 염려되고 청룡줄기 하나는 묘를 향해 공격하는 듯 머리를 내밀고 있어 후에 풍수가들은 고종과 순종이 외세의 치열한 압력 속에 숱한 시련을 받다가 망국의 서러움을 당하였다고 비유하기도 한다.

남연군묘의 터는 처음에는 가야사伽倻寺라는 절의 5층 석탑이 우뚝 서있는 자리였다. 흥선대원군은 전 재산을 처분한 2만 냥의 절반을 가야사 스님들에게 주고 강압적으로 절에 불을 지르게 했다고 전해진다. 결국 가야사는 폐사廢寺되고 남연군묘를 이장하게 되었으며 정만인의 말대로 도굴의 위험을 방지하기위해 석회 3백 부대를 써서 묘를 단단하게 다지게 되었다.

이 예견 또한 도굴사건에서 도굴이 안 되는 중요한 계기가 되었다. 대원군은 고종이 왕이 된 후에 가야사를 없앤 죄의식과 가야사의 은덕에 보답한다는 의미에서 남연군묘 맞은편 서원산 기슭에 보덕사報德寺라는 사찰을 새로 지어 보상해 주었고 현재에 이르고 있다.

서원산 보덕사 전경

오페르트의 남연군묘 도굴사건

독일의 상인인 오페르트Oppert, Ernest Jacob는 1868년 4월 21일에 미국인 젠킨스의 재정적 지원으로 조선 지리를 잘 아는 프랑스 신부 페롱의 안내로 조선인 2명, 백인 8명, 조선인 천주교인 약간 명과 말레이지안인 20명 외 유럽, 필리핀, 중국선원 등 총 140명으로 도굴단을 구성하였다.

오페르트 일행은 680톤급의 차이나 호를 타고 1868년 4월 18일 홍주목 신평현(현 당진군 신평면) 행담도行淡島(현재 서해안 고속도로 행담휴게소 소재)에 정박한 후 작은 배인 60톤의 그레타호에 옮겨 타고 삽교천을 거슬러 올라가 예산군 덕산면 구만포에 상륙하여 러시아 군사라 사칭하면서 남연군묘를 도굴하기 위해 쳐들어 왔다.

오페르트 도굴단 일행은 덕산군청을 습격하여 군기를 탈취하고 민가의 건물을 파괴하였고 진상을 파악하기 위해 온 덕산 군수에게 발포를 하는 등의 만행을 저질렀으며 덕산군수와 주민들은 그들의 만행을 막기 위해 남연군 묘소로 갔지만 소총 등으로 무장한 그들을 막기에는 역부족이었다. 그러나 묘가 예상보다 견고하였기 때문에 도굴은 쉽지 않았다. 그들은 남연군묘를 도굴하여 도굴한 시신과 부장품을 가지고 조선 정부와 협상하려 했으나 무덤이 단단하여 도굴에 실패한 사건이 발생하게 되었다. 이 사건으로 젠킨스는 미국인에 의하여 고발당하였고, 페롱은 프랑스 정부로부터 소환 당하였으나 그들의 죄를 입증할만한 증거나 증인이 없다는 이유로 재판은 누구의 책임도 묻지 않은 채 종결되는 어이없는 사건이 발생한 것이다.

대원군은 대단히 분노하였으며 양이침범 비전즉화 주화매국 洋夷侵犯 非戰則和 主和賣國, 즉 "서양 오랑캐가 침범하는데 싸우지 아니하면 화친하자는 것이요, 화친을 주장하는 것은 나라를 파는 것이다." 라는 의미의 척화비를 세워 서양 세력은 무조건 몰아내야 한다는 엄명을 내리게 되었으며 천주교도들과 관계가 있다고 판단하여 많은 천주교인들의 색출과 처단을 단행하였다. 이를 계기로 조선은 모든 서구세력에 대해 적대적으로 바뀌는 쇄국정책으로 조선의 근대화가 늦어지는 불행을 초래하고 말았지만 한편으로 당시 나라를 지키려는 선조들의 애국심을 느끼게 된다.

현존하는 풍수의 최고 품질유산

현재 대한민국에는 풍수지리가 좋은 많은 명당과 유산이 있다. 그러나 필자가 생각하는 최고의 풍수명당의 품질유산은 '대원군묘' 라고 생각한다. 앞에서 설명하였듯이 당대 최고의 풍수지관인 정만인의 출중한 예견과 탁월한 풍수의 지식을 볼 수 있었으며 그리고 흥선대원군의 풍수에 대한 믿음과 수백리 떨어진 곳의 남연군묘를 이장하는 과감한 결단과 실행력이 아들과 손자를 왕으로 만들어내는 이대천자지지二代天子之地를 찾게 된 것이다.

한국은 현재 세계 어디에도 존재하지 않는 드라마 같은 스토리텔링의 풍수 품질 유산을 갖게 되었다. 품질의 진정한 뜻은 그 분야에서 최고를 의미하는 것으로 풍수지리에도 품질이 있으며 품질의 우수성을 깨닫는 계기가 되었다. 향후 선조들의 품질정신의 DNA를 통하여 우리나라가 모든 분야에서 세계 최고가 될 수 있음을 다짐해보며 긍지를 갖는다.

3. 인왕산仁王山 선禪바위의 신비한 품질

무학無學대사와 정도전鄭道傳은 누구인가?

무학대사(1327~1405년)는 조선을 건국한 태조 이성계의 스승으로 고려 충혜왕(1344년) 때에 출가하여 혜명국사와 나옹선사에게 가르침을 받고 득도하였다. 태조 이성계와 유명한 설화내용에는 태조가 고려 때 함경도 설봉산雪峰山토굴에서 수도하고 있던 무학대사를 찾아가서 해몽을 하여 달라고 하였다. 꿈 내용은 헌집에 들어갔다가 집이 무너져서 석가래 세 개를 짊어지고 나오고 거울이 깨어지고 꽃이 떨어졌다고 하니, 무학대사는 몸에 석가래 세 개를 짊어지고 나온 것은 임금 왕王자요, 거울이 깨어졌으니 어찌 소리가 없겠으며 또 꽃이 떨어지면 반드시 열매가 맺는 법이니 이 꿈은 반드시 군왕君王이 될 꿈이며 함부로 이 말을 입 밖에 내지 말고 신중히 처신하고 그 때를 기다리라고 당부하였다.

이후 꿈의 예견대로 1392년 태조 이성계가 새로운 왕조인 조선의 임금이 되자 무학대사는 태조의 왕사로 책봉되었다.

유교는 인仁을 말하고 불교는 자비를 가르치지만 그 작용이 하나이며 백성을 자식처럼 보살피는 백성의 어버이가 될 때 나라는 저절로 잘될 수 있다고 조언하였으며 새 왕조에 걸 맞는 궁궐의 천도를 위해 1393년 태조와 함께 계룡산과 한양을 둘러본 후 왕도王都를 한양으로 정하는데 결정적으로 기여하였다.

정도전(1337~1398년)은 호는 삼봉三峯이며 고려 말과 조선 초의 유학자이며 조선 최고의 개국공신이다. 정도전은 어려서부터 매우 총명하고 학문을 좋아하여 1360년 진사시에 급제하고 1362년 성균관 진사시에도 급제한 후 고려 말 승려 신돈의 횡포에 낙향 후 신돈이 제거된 1371년 성균관 태상박사로 보직되었다. 1383년 정도전은 함주에 있던 동북면 도지휘사인 이성계李成桂를 찾아가 고려왕조의 실상을 개혁하기 위한 대안과 천명天命에 따라 세상을 구원하고 위대한 역사적 과업을 실행에 옮길 것을 결의한 후 1388년 이성계가 위화도 회군으로 정권을 잡게 되자 전제 개혁을 단행하고 조선 건국의 기초를 세웠다.

이후 1392년 이성계를 임금으로 추대하여 새 왕조인 조선을 건국하는데 크게 기여하였으며 한양 천도 당시 궁궐과 종묘사직 그리고 도성의 위치를 정하였으며 결국 정도전의 뜻대로 경복궁이 현재의 자리에 세워지게 되었다.

무학無學대사와 정도전鄭道傳의 주산主山 논쟁은?

조선 건국의 시조 태조 이성계는 고려 개경에서 천도하여 새로운 왕조에 적합한 도읍지로 계룡산 아래를 선택하고 싶었으나 풍수지리에 근거한 무학대사의 주장이 받아들여 한양으로 도읍을 정하게 되었다. 그러나 새로운 수도인 한양의 도시계획 총괄 책임자였던 유학자이며 개국공신인 정도전과 이성계의 스승인 무학대사 간에 새로운 궁궐인 경복궁의 위치를 놓고 주산主山논쟁이 벌어지게 되었다.

무학대사는 내사산內四山(한양도성 18㎞를 연결한 네 개의 산) 가운데 한양 서쪽에 위치한 인왕산(338m)을 주산으로 하여 동쪽에 궁궐 정문을 설치하고 북쪽의 북악산(342m)을 좌청룡으로, 남쪽의 남산(262m)을 우백호로 낙산(126m)을 안산案山으로 하면 북악산의 기운이 남산을 제압하고 남쪽의 관악산(629m)의 화기火氣도 막아 줄뿐만 아니라 장남이 왕위를 계승하는데도 문제가 없고 천년의 종묘사직이 되리라 주장하였다.

이러한 주장에 대해 조선 최고의 개국공신 정도전은 천자남면天子南面, 즉 왕은 남쪽을 향해야 한다는 북좌남향을 주장하며 북악산을 북현무로 낙산을 좌청룡으로 인왕산을 우백호로 남산을 안산으로 할 것을 고집하며 남쪽의 관악산의 화기도 한강이 있기 때문에 문제가 되지 않을 것이라고 주장하였다.

무학대사는 정도전의 주장대로 북현무인 북악산이 주산이 되고 좌청룡에 낙산이 된다면 우백호인 인왕산의 크기가 북악산과 비슷하고 가까이 있는 것에 비해 낙산은 종로5가를 지나 멀리 동대문 옆에 있어 좌청룡의 기운이 너무 약하기 때문에 왕위계승에서 적장자인 장남의 기가 약하여 제대로 왕이 될 수 없다고 주장한다. 따라서 경복궁은 반드시 인왕산을 주산으로 하여 동향으로 건설해야 된다고 이성계를 설득하였으며 이성계는 무학대사의 주장대로 결정을 하려고 하였으나 정도전이 반대하여 뜻을 이루지 못한다.

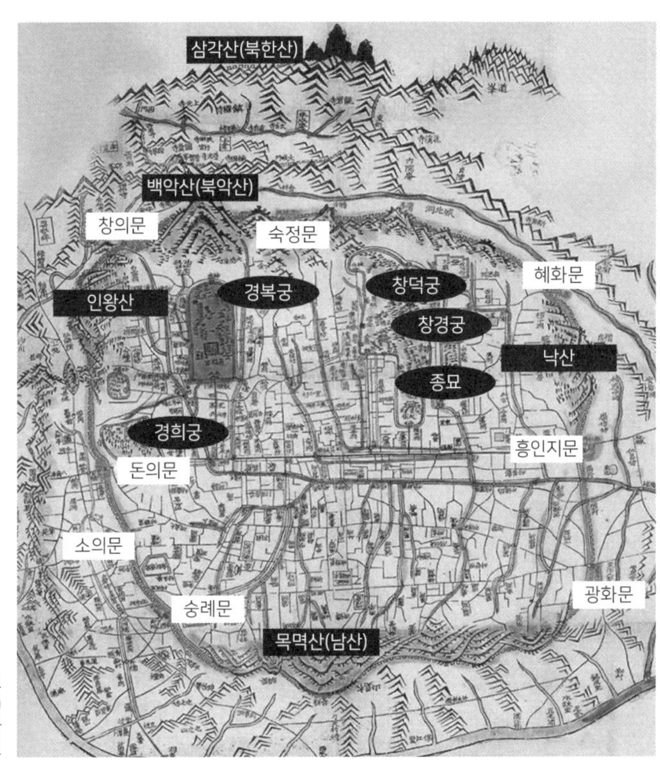

수선전도
(1840년 경)
한양도성과
5대 궁궐지도

정도전이 주장한 반대의 커다란 이유는 인왕산을 주산으로 하면 인왕산 중턱의 산기슭에 있는 이상하게 생긴 선바위가 성 안에 들어가게 되어 조선의 설립 이념인 숭유억불이 되지 못하고 다시 불교가 왕성하여 유학도인 문신들은 힘을 못 쓰고 성 밖에 두면 반대로 승려가 힘을 못 쓰게 된다는 주장을 하였다.

이성계는 마침 봄에 눈이 온 다음날 아침이 되었는데 특이하게도 선바위 쪽에 눈이 녹지 않게 되자 선바위는 성 밖으로 밀려나게 되어 한양도성을 설성雪城이라고도 한다. 결국 정도전의 주장대로 선바위가 성 밖으로 벗어나게 되자 무학대사는 크게 한숨을 쉬면서 이제 중들은 선비 책 보따리나 짊어지고 다니는 신세가 될 것이라고 한탄하였으며 경복궁은 결국 정도전 주장대로 남향으로 짓게 된 것이다.

신비한 모습을 지닌 선바위의 유래

정도전이 절대로 도성 안으로 들어 올수 없다고 주장했던 선바위는 신비한 모습을 하고 있다. 현재 서울시 종로구 무악동 인왕산 중턱에 자리하고 있으며 모양이 마치 스님이 장삼을 입고 참선하고 있는 것처럼 보이며 형상은 두 사람의 모습을 하고 있는 자연석으로 두 개의 바위를 두 명의 주인이라는 뜻으로 양주兩主라고 부르기도 한다. 사실 선바위는 아주 오랜 옛날부터 존재하였으며 부인들이 이 바위에서 아이 갖기를 기원하게 되어 이 바위를 기자암祈子岩 이라고도 불리어 왔다.

예로부터 선바위는 바위에서 나오는 기운이 다른 바위와 다르다고 생각하였으며 무병장수와 소원성취의 영험이 있다고 믿어왔으며 암석숭배岩石崇拜인 무속신앙巫俗信仰의 중요한 성지가 되어 신령한 숭배의 대상이 되어 오고 있다. 또한 바위에 작은 돌을 붙이면 효험이 크다고 하여 돌을 문질러서 붙인 자국이 남아있는 붙임바위라고도 하며 또한 불교의 선禪자를 따서 선바위 혹은 '서 있는 바위' 라고 한다.

인왕산 선바위는 높이가 7~8m, 가로 11m 내외, 앞뒤 폭이 3m 내외로 두 개의 큰 바위가 어깨를 나란히 하고 있는 형상으로 조선 태조와 무학대사의 상이라는 설과 태조 부부의 상이라는 두 가지 설이 있으며 마치 인공적으로 빚어 놓은 것 같은 착각을 일으키는 묘한 바위이다.

오래전부터 이 바위를 보고 새로운 어진 임금이 나타난다는 전설이 유래되었으며 선바위를 모시는 절로 인왕사가 있으며 인왕산仁王山의 이름 또한 여기에서 유래되었다.

사실 우리 민족은 고조선 이전부터 하늘을 숭배하는 제천의식과 샤머니즘과 무교 등 민족 고유의 신앙체계를 가지고 있었던 것이다. 1925년에는 일제에 의해 남산에 조선신궁을 건립한다는 목적으로 남산에 있던 국사당을 선바위 밑으로 옮기면서 이곳은 무학대사와 이성계 신장을 모시는 새로운 무속인 굿의 중심지가 되기도 하였다.

인왕산 수호신 얼굴바위

인왕산 선바위 전경

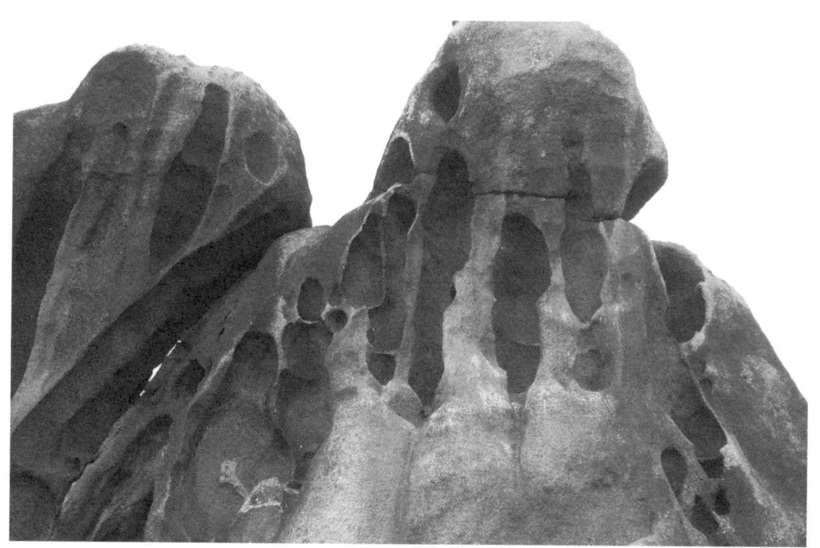
선바위의 신령스런 모습

선바위 후면 무학대사와 이성계 전설 모습

무학대사의 예견과 조선의 운명

정도전의 주장대로 경복궁은 북악산을 주산으로 태조 3년인 1394년에 공사에 착공하여 이듬해인 1395년에 준공되었다. 경복궁이 준공된지 4년 후인 1399년 왕자의 난이 생겨 형제들 사이에 골육상쟁이 일어났다. 2대 정종은 수도를 다시 개성으로 옮겼으나 그곳에서도 궁궐에 화재가 발생하고 민심이 흉흉해지자 다시 수도를 옮기기로 하였다.

한양은 2길1흉二吉一凶이며, 모악산은 1길2흉一吉二凶으로 한양이 가장 유리하다는 점괘에 의해 태종 5년인 1405년에 수도를 다시 한양으로 옮겼다.

무학대사(1327~1405년)는 신라의 의상대사가 지은 산수비기山水秘記를 인용하여 도읍을 정함에 있어서 정씨 말을 들으면 5대를 못가서 왕위 찬탈이 생기며 남쪽의 관악산 화기로 인해 경복궁은 200년 안에 궁궐이 불에 탈것이라는 예견을 하였다.

정말로 예견은 적중되어 200년 후인 임진왜란으로 경복궁이 전소 되었으며 좌청룡에 해당되는 낙산의 기氣가 약하여 최초 장남인 5대 문종이 2년만에 요절하고 장남인 6대 단종이 삼촌인 수양대군(세조)에 의해 죽임을 당하였다. 장남인 10대 연산군 역시 폐위되는 등 무학대사의 예견이 놀라울 정도로 적중되어 이상하게도 518년 조선의 역사에서 장남은 27대 왕 가운데 25%인 7명만이 왕이 된다. 이 가운데 1~2명의 왕을 제외하면 대부분 짧은 생애를 마치게 되는 비극이 되풀이 되며 27대 마지막 왕인 장남 순종은 3년 만에 나라를 잃게 되었다. 정말 우연일 수도 있으나 무학대사의 예견력과 통찰력이 뛰어나다는 것을 역사를 통해서 알 수 있다.

선바위의 신비한 품질과 우수성

우리나라 국토는 세계적으로도 아름다운 금수강산이다. 자연의 여러 가지 형태가 있으나 특히 희한하게 생긴 많은 바위와 오래된 나무가 존재하며 많은 비밀과 전설을 간직하고 있다. 이 가운데 인왕산에 있는 선바위는 조선 개국의 비밀을 간직한 독특하고 신령스러운 바위이다.

우리 선조들은 바위 하나에도 중요한 사연과 의미를 부여하고 간직하였으며 후손에게 훌륭한 교훈을 주고 있는 예지의 지혜를 볼 수 있다. 선조에게 물려받은 자연과 문화유산의 품질은 선조의 혼이 담긴 숭고한 보물이기에 우리 대한민국 국민은 향후 이를 계승하고 더욱 발전시켜 국가 품질경쟁력을 드높이는 계기로 삼아야 할 것이다.

4. 불가사의한 금개구리(금와: 金蛙)의 품질

자장율사와 금개구리 생존의 비밀

자장慈藏율사(590년~658년)는 지금부터 1,400여 년 전 신라 귀족인 진골출신의 승려로 신라 선덕여왕 5년인 서기 636년 왕명으로 중국 당나라 종남산終南山에서 문수보살을 친견하고 부처 금란가사 한 벌과 진신사리 100 알, 불두골佛頭骨과 손가락뼈指節, 경전 등을 갖고 서기 643년에 귀국하여 646년에 경남 양산에 있는 영축산 통도사를 창건하였다고 삼국유사에 기록되어 있다.

영축산은 석가모니 생존 당시 마가다국 왕사성의 동쪽에 있는 영축산과 닮았으며 통한다는 뜻으로 이곳에 통도사와 금강계단(진신사리탑)을 세웠다. 통도사는 부처 진신사리를 모신 적멸보궁으로 대웅전에 불상이 없는 것이 특징이며 이런 연유로 현재 한국의 삼보 三寶사찰,

즉 불보佛寶(통도사), 법보法寶(해인사), 승보僧寶(송광사) 가운데 불보佛寶 사찰이 된 계기가 되었다.

자장율사가 처음에 통도사를 세우기 전 현재 통도사 자리에서 십 여리 떨어진 자장암 개울가에서 도를 닦고 있을 때였다. 암벽 아래 석간수가 흘러나오는 옹달샘에 금개구리 한 쌍이 있었는데 눈가에는 금줄이 선명했고 등에는 거북 모양의 무늬가 있었다. 겨울이 되자 자장율사는 금개구리가 죽지 말고 영원토록 이곳에 살면서 자장암을 지켜달라는 신통력으로 암벽을 손가락으로 찔러 구멍을 만들어 그 안에 금개구리를 넣어 주었으며 불가사의한 수기를 내리고는 개구리를 '금와'金蛙 라고 불렀는데 그 뒤 통도사 스님들은 이 개구리를 금와보살金蛙菩薩로 바위를 금와공金蛙孔이라 불렀다.

지름이 1.5~2cm에 깊이 10cm 정도의 바위 구멍 안에는 이끼가 파랗게 끼어 있으며 현재까지 개구리 같기도 하고 날아다니는 큰 벌 같기도 한 금개구리가 1,400여 년 동안 전설과 같이 살고 있다는 것이다.

자장암 금와보살의 금와공

불가사의한 금와보살의 전설

본래의 금개구리Korean Golden Frog는 척추동물로 양서강 개구리목 개구리과 개구리속에 속하며 보통크기는 약 2~6cm이다. 원래 수명은 약 8년이고 몸의 크기나 전체적인 모양이 참개구리와 비슷하지만 등 옆선을 이루는 두 줄의 융기가 금색으로 현저하게 돌출되어 있어서 구별된다. 한국 고유종으로 우리나라 전역에 분포했었지만 서식지 파괴와 농약 등으로 인해 피해를 가장 많이 받은 종으로 알려져 있다.

이에 비해 자장암의 금개구리는 초봄에는 자연색 같은 회색 바탕에 등에는 검은 점이 있고 발끝에는 둥글둥글한 구슬이 달려 있으며 금테 같은 선을 두른 입은 마치 두꺼비 입을 닮았다고 한다. 여름에는 파랗게 변하면서 검음 점이 많이 보이다가 장마가 지자 다시 초봄의 색으로 변하고 여름 더위가 심할 때는 몸 색깔이 금색으로 누렇게 변하고 겨울이면 마치 벌처럼 보였다고 전해진다. 또한 금개구리는 먹이가 무엇이며 언제 밖으로 나오는지 아무도 알 수가 없으며 자장암 스님들이 밤낮으로 석굴을 지켜봤는데 금개구리 두 마리가 밖으로 나와 석굴이 있는 절벽바위 위로 올라갔다. 그 속도가 얼마나 빨랐던지 순식간에 4~5m를 뛰어올랐다고 하며 여름철 바위가 뜨겁게 달구어져도 금개구리는 아무렇지도 않게 깎아지른 듯한 절벽을 다니는데 언제 다시 굴속으로 들어갔는지 본 사람이 없으며 단지 새벽 2~3시 경으로 추측하고 있다.

옛날 어떤 관리가 금개구리 이야기를 듣고 자장암을 찾았다. 자장율사 이후 한 번도 산문 밖을 나간 일이 없이 자장암을 지키면서 석굴 속에 살고 있다고 했는데 관리는 믿지 않고 스님의 만류를 뿌리치고 개구리를 잡아 함 속에 넣어 밀폐한 뒤 산문을 나와 함을 열어보았는데 이게 웬일인가. 분명히 잡아넣은 개구리는 보이지 않고 벌로 변하여 날아갔는지 함은 비어 있었다.

전설에 의하면 금개구리는 자장율사의 신통력으로 살아가고 있으며 때로는 통도사 내에 길조가 생길 때면 나타난다고 전해진다. 최근 금와보살金蛙菩薩은 TV방영이 계기가 되어 많은 관광객의 발길이 끊이지 않고 있다. 그러나 금와보살은 아무나 볼 수 있는 것이 아니며 인연 있는 사람만이 볼 수 있어서 열심히 보러 갔다가 대부분 보지 못하고 오기 때문에 금개구리가 있느니 없느니 하는 말이 많지만 최근에는 사진으로 그 존재를 확인할 수가 있어서 다행이다.

신기한 금와보살의 친견

2001년 가을, 필자는 부산의 H회사에 강의를 하기 위해 같이 근무하던 직원인 Y부장과 같이 승용차로 출장을 가는 도중 Y부장이 전에 양산통도사 자장암에 부인과 같이 몇 차례 다녀와서 금개구리를 보고 싶었으나 보지 못하고 왔다는 말을 듣고 혹시 이번에 나와 함께 가면 볼지도 모르니 함께 가자고 하여 들리게 되었다. 두 사람 모두 양복을 입고 자장암에 도착한 시간은 오후 5시쯤으로 방문한 사람은 아무도 없고 자장암을 지키는 보살 아주머니(당시 50대 중반) 한 분이 청소를 하고 있었다. 우리가 자장암을 들어서자 어디서 왔느냐고 하여 서울에서 왔다고 하니까 그러면 금와 보살님이 오셨다는 말씀을 듣고 오셨느냐고 물었다. 잘 모르고 왔다고 하니까 보살아주머니께서 참으로 운도 좋다고 하였다.

아주머니는 1997년 금융위기로 남편이 직장을 잃게 되자 집을 떠나 이곳에 와서 기도한지 6개월이 되는 어제 비로소 금와보살을 친견하였다는 것이다. 아주머니는 우리를 안내하여 금와공이 있는 절벽바위로 안내하였는데 바위에 물기는 전혀 없었으며 수직으로 높은 곳에 발판을 디뎌 조그만 금와공을 보게 되었다. 보면서도 마음속으로는 전혀 믿을 수가 없었다.

아주머니는 금개구리를 구멍에서 보았느냐고 물었으나 구멍 안은 껌껌하고 아무것도 없는 것 같았다. 그런데 아주머니께서 냄새가 나지 않도록 입을 꼭 다물고 다시 한번 잘 보라고 하여 보는데 이게 웬일인가? 구멍 안에 조그만(1~2㎝) 금개구리가 똑바로 보면서 무슨 말을 하는 것 같이 입을 막 움직이는 것이 아닌가!

나는 너무 놀라 '과연 이게 꿈인가 생시인가' 몸을 꼬집어 가며 확인하였으며 한 가지 소원을 빌라고 하였지만 아무것도 생각이 나지 않았다. Y부장도 확인하고서는 너무 놀라 아무 말도 못 하였고 우리는 그 앞의 툇마루에 앉은 채 넋이 빠져 있었다.

그리고 몇 분 후, 머리를 기른 남자 처사님(약 50대)과 부인 한 분이 들어 와서는 혹시 여기에 금와보살님이 계시냐고 물었다. 아주머니께서 어디서 왔느냐고 물어보니 어제 통도사 금강계단에 금개구리가 나타나 양산 시민 수천 명이 몰려와 구경하였으며 밤새 지키고 있었으나 새벽 2시경 갑자기 사라졌다며 혹시 어제 본 금와 보살님이 여기 계신지 확인하겠다고 절을 하고는 직접 구멍을 보고 친견하더니 깜짝 놀라는 것이 아닌가. 어제 본 바로 그 금개구리가 여기에 계시다고 하는 것이었다. 그러면서 개구리가 벌로 변하여 날아오지 않았다면 어떻게 여기를 올 수가 있냐고 하였다. 실제로 통도사에서 자장암까지는 거리가 10리(4㎞)로 2cm도 안 되는 크기의 개구리가 뛰어서 온다는 것은 거의 불가능하다고 생각되었다. 점점 시간이 되어 어둑어둑 해져 나는 Y부장과 같이 먼저 자장암을 나왔고, 10년이 지난 지금도 기억이 생생한 불가사의한 경험을 하게 되었다.

금개구리의 불가사의한 신비의 품질

금와보살 금와공 확대 모습

1천 4년이라는 오랜 세월 동안 전해 내려오는 자장암 금개구리는 참으로 희한한 품질이다. 습기도 없고 나무숲도 아닌 건조하고 살기가 열악한 커다란 암벽의 조그마한 바위구멍에서 겨울에도 겨울잠을 자지 아니하고 조그만 생명력을 통하여 사람들에게 커다란 영험의 희망을 주고 있다.

한 가지 소원을 들어주는 영험이 있다고는 하지만 신비함에 무슨 소망을 말하는 것조차도 잊게 되며 작은 개구리가 어떻게 바위 구멍에 들어갈 수 있으며 그 구멍에서 무엇을 먹고 살 수 있으며 1,000년의 세월동안 무수한 사연을 이어갈 수 있는 것이 불가사의다.

우리나라는 반만년 역사 속에서 전 국토 모든 곳이 기이한 많은 비밀과 전설을 오래도록 간직하고 있다. 금개구리 전설도 이 가운데 하나이다. 그동안 선조에게 물려받은 자연과 문화유산의 품질은 선조의 혼이 담긴 숭고한 보물이기에 우리 대한민국 국민은 향후 이를 계승하고 더욱 발전시켜 국가 품질경쟁력을 드높이는 계기로 삼아야 할 것이다.

5. 1,224m 적멸보궁 뇌 사리 정골탑

진신 뇌사리탑 적멸보궁 봉정암

1천 4백 년 전인 서기 643년 신라 27대 선덕여왕 12년에 신라 귀족 출신인 자장율사가 중국 당나라 청량산에서 문수보살을 친견하시고 7년 만에 부처님 금란가사와 진신사리를 갖고 신라로 귀국했다.

부처님의 사리 중의 사리라는 뇌사리, 즉 정골을 자장율사가 명당인 최고의 자리에 그동안 세운 5대 적멸보궁 중에 가장 높은 1,224m 설악산 용아장성의 정상에서 즉 봉황새의 봉鳳과 정수리의 정頂 그리고 암자 암庵암의 의미로 봉정암이 탄생한 것이다. 한국에서 태어난 자는 반드시 평생에 한 번은 올라야 한다는 속담처럼 극락자리이자 천당자리이고 문수 즉 지혜에 해당되는 성지에 기도를 위해 온 사람들이 봉정암에 오르고 있는 것이다.

자장율사는 지상 천당인 극락을 찾아 수년간 헤매인 끝에 금강산은 화려하나 웅장하지 않으며 지리산은 웅장하나 화려하지 않기 때문에 양쪽을 모두 아우르는 자리에 해당되는 자리가 바로 설악산이며 화려하면서도 웅장한 설악산의 정수리에 해당되는 용아장성과 공룡능선에 에워 쌓인 명당이자 모든 설악산의 봉우리를 거느리는 정상자리를 찾게 된 것이다. 동쪽으로 만경대와 공룡능선이 있고 서편으로 '수렴동 계곡'과 '구곡담 계곡' 이 흐르고 있다.

서북능선이 장엄하고 웅장하게 펼쳐지며 용의 이빨처럼 날카로운 20여 개의 크고 작은 암봉들이 용의 송곳니처럼 솟아 성처럼 둘러쳐 있다해서 용아장성의 정상자리에 위치해 있다.

사람에게는 급소가 있으며 음식점에는 맛이 중요한 인자이며 빵에는 팥소가 있고 만두에는 속이 중요하다. 사람에게는 뇌가 중요하며 하늘과 땅 사이에는 사람이 중요하듯이 최고 중의 최고 자리가 바로 사리탑이 바라보이는 불과 30m도 떨어지지 않는 정상 자리이다.

부처님의 뇌사리와 정골은 가장 신령스러운 지혜의 상징이자 화신이라 믿고 문수보살을 찾기 위해 금강산에 기도하였다. 7일째 되는 날, 갑자기 하늘이 환하게 열리면서 오색찬란한 봉황새 한 마리가 나타나 몇날 며칠을 남쪽으로 날아갔다. 그리고 설악산에서 제일 높은 용의 어금니를 닮은 장성인 용아장성의 마지막 봉우리 정상 부처님 머리 형상을 한 불두암 앞에서 자취를 감추었다.

사라진 그 바위를 뚫고 진신 뇌사리를 봉안한 후 탑신은 기단부가 따로 없는 천연바위를 기단부로 삼아 높이 3.6m 규모로 사리탑을 세우니 바로 이 자리가 봉황 봉자에 정수리 정자를 합하여 봉정암(보물 1,832호)의 유래가 된 것이다.

설악산 용아장성 봉정암 부처 뇌사리탑

최고 기도처로써 봉정암의 역할

역경에서는 산은 양이며 기운이 응집되어 불쑥 솟아 오는 형태로 예로부터 동 · 서양을 막론하고 하늘이 가까운 높은 산은 기도처로 인기가 많다. 한국에도 수많은 산신 기도처가 있으나 최고의 영험한 기도처는 바로 봉정암이다. 이 땅에 불교가 들어오기 이전부터 산이 높아 사람이 접근하기 어렵고 신비스러운 산신 기도처였다. 그 후 불교가 들어오면서 토속 산신신앙 위에 불교로 옷을 갈아입게 된 것이다.

전설에 의하면 부처님의 뇌 사리는 신통력이 있기 때문에 기도하면 반드시 한 가지 소원이 이루어진다고 하여 많은 사람들이 찾고 있다. 자식의 대학 합격기원을 위해 혹은 가족의 건강과 소원성취를 위해 간혹 돌연사할 정도로 어려운 곳을 오르고 있는 것이다. 특히 연세가 많으신 노인 분들이 소원을 성취하기위해 왕복 20여 ㎞, 1,000m 넘는 바위산을 올라가 기도하는 것이다.

한민족 고유의 산신 사상과 불교의 부처님 뇌사리 영골 신앙이 결합하여 지금과 같은 형태의 기도처를 수많은 사람들이 찾아오고 있다. 봉정암은 용아장성 위의 주변에 가섭봉, 아난봉, 독성봉, 나한봉 등이 에워 쌓아있는 명당중의 명당이다.

오층 사리탑은 거대한 자연석을 기단부로 삼아 바위 윗면을 치석하여 2개의 단을 만들고 두꺼운 옥개석은 낙수면의 길이가 짧고 경사가 급하며 옥개석 아래로는 각 층마다 3단의 옥개 받침이 두껍고 투박하게 조성되어 있으며, 옥개석의 윗면에는 탑신 받침이 새겨져 있다.

주변에 연꽃을 조각하고 1면에 4엽씩 총 16엽이 탑을 둘러싸고 있으며 맨 위에는 원뿔형태의 보주가 솟아 있도록 조각되어 있다. 봉정암 중수기(1781년)에 따르면 지장율사가 당에서 얻은 석가불의 사리 7과가 이 탑에 봉안되었다고 기록되어 있다.

봉정암 사리탑의 예술적, 보물적 가치

설악산의 정상은 남한에서 세 번째로 높은 1,708m 대청봉이지만 실제 정신적 봉우리는 바로 소청봉 아래 용아장성 10봉의 마지막정상 자리에 위치한 봉정암이다. 내설악의 공룡능성 정상인 나한봉(1,276m)과 더불어 설악산의 백미 중 백미가 봉정암인 것이다. 봉정암은 전국의 사찰 기도처 가운데 최고의 기를 간직한 명당터로 유명하며 당일 산행으로 불가능한 곳을 기도의 영험을 위해 많은 사람들이 찾아오게 된 것이다.

원래 적멸이란 번뇌가 없는 고요한 열반을 의미하는 보물자리로 불린다. 탑을 보고 그 위 용아장성 정상에 서야만 밑의 사바세계와 피안의 세계를 모두 볼 수 있는 곳이다. 봉정암 뇌사리탑은 전 세계에서 유래를 찾을 수 없는 보물중의 보물이며 세계에 자랑할 만한 우수한 문화유산이며 선조로부터 받은 희귀한 보물인 것이다.

봉정암 부처 뇌사리탑 전경

봉정암의 불두암 모습

용아장성 정상(1,224m)

봉정암 부처 뇌사리탑

그곳에 가다
서다
머물다

문화유산을 보는 눈의 비결

현재 지구상에는 240개국 75억 명 사람들이 살고 있다. 75억이 이 지구의 주인인 것이다. 그러나 앞으로 100년 후에는 이 많은 사람들이 모두 흙으로 다시 돌아가고 단 한 사람도 예외가 없이 새로운 사람들이 살고 있을 것이며 그들이 다시 주인이 될 것이다. 이렇게 우리의 삶과 인생은 유한하다. 나도 앞으로 40년 후에는 어쩌면 이 세상에 없고 땅속에 누워 있거나 아니면 한줌의 재로 변할 것이다. 하지만 시간과 세월 속에 변하지 않고 묵묵히 남아서 존재하는 것이 있다.

1897년 고종 때 조선은 커다란 황제의 나라라는 뜻으로 나라 이름을 대한제국으로 변경하였다. 일본에 나라를 빼앗기고 1945년에 해방되어 1948년에 우리나라는 대한제국의 '제' 자를 빼고 그 자리에 국민이 주인이라는 대한민국, 즉 한국을 세웠으며 이제 역사가 약 70년이 되었다. 정말 짧은 기간이라고 볼 수 있다. 그러나 단군께서 태백산(백두산)에서 처음으로 조선을 건국한 지 현재 4351년이 되었다. 그동안 주변의 강대국의 침략(수, 당, 원, 청, 일본 등) 속에서도 다른 나라에 속국이 되지 않고 우리나라와 국민을 반만년동안 지켜왔다. 우리가 알든 모르든 간에 우리 주변에는 우리 선조들이 남기고 간 발자취가 있으며 하루빨리 보고 음미하고 즐기고 느끼는 것이 중요하다.

인생에서 행복해지기 위해서는 의, 식, 주가 첫째로 해결되어야 한다. 현재 헐벗고 굶주리고 잘 집이 없는 사람은 그리 흔하지 않다. 국민소득의 증가로 이제 어려움은 많이 해결되었기 때문이다. 따라서 의식주 다음에는 행[illegible]이 중요한 행복의 요소가 되었다. 진짜로 많이 보고 느껴야 될 때가 온 것이다. 인간으로 태어나 성공하고 돈 많이 벌고 출세하고 싶은 것은 남보다 더 잘 먹고 남보다 더 잘 입고 더 좋은 집에서 살기 원하며 더 좋은 곳을 구경하고 여행하고 싶기 때문일 것이다.

우리가 잘 알다시피 경주에 가면 첨성대가 있다. 사람들은 별로 감동하지 않는다. 이유는 책에서 배울 때 동양 최고의 천문대로 배웠는데 가보니 높이도 10m에 불과하고 돌탑하나 덜렁 있다고 생각하기 때문이다. 그러나 가만히 생각해보면 우리는 앞으로 100년도 못사는데 첨성대는 1,300여 년 동안 같은 자리에 돌 하나 빠지거나 깨지지 않고 그대로 있다는 것은 약 2천 번 이상의 외침을 겪은 나라로서는 기적이 아닐 수가 없다. 바로 이것을 볼 수 있을 때 우리는 진정한 문화유산을 보는 눈을 뜨는 것이다. 강원도 원주 섬강가에는 1,300년이 된 우리나라 최대사찰(5만 평)이 존재하는데 바로 그 자리에 1,300년 된 느티나무가(둘레 7.5m) 신라 때부터 현재까지 살아서 우리에게 많은 얘기를 전하고 있다. 신기하고 참으로 우리 자신이 한없이 유한함을 깨닫게 해주고 있다. 그러나 대부분의 사람들은 이러한 유산을 보지 못한 체 세상을 떠난다. 이유는 관심과 느낌, 안내자, 즉 스승이 없기 때문이다.

지구상에는 많은 보물 중의 보물이 있는데 하나는 조물주가 자연적으로 만들어 주신 자연유산과 인간이 만든 문화유산이 있다. 물론 아무리 문화유산이 대단해도 신이 만든 자연에 비하면 초라할 것이라고 많은 사람들은 생각할 것이다. 그러나 이 같은 생각은 잘못일 수 있다고 본다. 캄보디아에 유일한 문화유산이 있는데 이것이 앙코르와트이며 바로 캄보디아 전체 국가살림의 상당부분이 수입에 의지하고 있다. 바로 옆 베트남에는 하롱베이라는 3,000 개의 섬으로 된 아름다운 자연유산이 하나 있는데 베트남의 커다란 자랑거리이다.

이 둘을 비교해 보면 결코 문화유산인 앙코르와트가 하롱베이에 뒤지지 않는다는 것이다. 이렇게 문화유산은 우리에게 많은 것을 알려주고 있다. 특히 한국의 문화유산은 꿋꿋이 존재하고 있다. 우리 선조 때부터 우리와 우리 후손들 곁에 남아 있는 소중한 유산이다. 우리가 떠나는 것이지 우리 주변의 문화유산은 그대로 남아 있는 것이다.

이제 길에 있는 돌뿌리 나무뿌리 하나도 그리고 보이든 안보이든 유산을 사랑하고 관심을 가져야 할 것이다. 눈에 보이는 불국사 석굴암도 중요하지만 눈에 안 보이는 서암, 운주사 칠성바위, 거돈사 석탑, 부용대 절벽, 백제의 미소, 궁남지, 서출지의 정월보름 오곡밥 기원 등이 더 중요할 수 있다.

통일 신라 때 경주에만 850개의 사찰이 있었으나 현재 절터만 200여 개가 전해지고 있을 정도로 우리가 알고 있는 그 이상의 것을 보도록 해야 하며 바로 여기에 인생의 느낌과 유한의 무한성 행복과 천국이 바로 곁에 있다는 것을 깨달아야만 한다.

구루란 무엇인가?

옛날부터 천상에는 신이 살고 있으며 땅에는 인간이 살고 있는데
인간들 중에서 신과 같이 된 사람은 예수님과 부처님 정도로 극히 드물고
어려울 정도로 인간은 신이 되고 싶어도 되지 못하는 상태이기 때문에
신과 인간의 중간에 있는 새를 신성시 여겨왔다.

그래서 예로부터 새는 마을 어귀에서 잡신을 쫓는
신성한 동물로 생각되어 왔으며 우리나라도 남한에만
솟대가 민간 신앙으로 600여 개가 현존하고 있다.

이렇듯 비행기가 발명되기 전인 백년 전만해도 하늘은 신성한 영역이었다.
오늘날 티베트의 조장 풍습에서 보듯이
인간이 죽으면 새가 시신의 일부를 물고 하늘로 오르는 것이
마치 새가 신에게 제물을 바친다고 생각한 것이다.
우리나라는 단군왕검께서 나라를 세우신 이래
약 오천년 가까이, 일본에 나라를 빼앗기는 1910년까지
임금이 직접 매년 하늘에 제사를 모셔왔다.
이는 일반백성 전체를 대신하여 천자인 임금이 하늘에 제사 지낸 것이다.

이렇게 인간과 신의 중간 영역에 해당되는 영역이 바로

구루GURU 이다.

구루란 대제사장, 선각자, 예언자.

그 분야의 세계 최고인 사람을 일컫는 단어이며

품질분야에서는 쉬와르트 박사, 데밍 박사, 쥬란 박사

경영학에서는 피터드러커 박사를 보통 얘기한다.

그러나 이런 분들 만이 아닌 한 분야의 최고의 전문가로

모든 사람이 존경하고 새로운 지식을 창시 하신 분들의 대명사이며

그루의 경지에 오르면 명예와 부, 존경을 한 몸에 지닌다.

모두 부러워하고 인생을 성공한 대표적인 자리에 오른 경우를 말한다.

삼복三伏의 진정한 깊은 의미는?

한여름 폭염에 쌓여있다. 왜 우리는 삼복을 보내야 하며 그 이유는 무엇일가?

어디에서도 명쾌한 답이 없고 그저 보신탕이나 삼계탕이 몸에 좋고 말복이 지나면 서서히 가을이 되고 복과 복 사이는 10일이며 월복인 경우는 중복과 말복 사이가 20일이 된다는 정도로 설명되고 있다. 허나 실제로 삼복에는 오행五行의 깊은 철학이 숨겨져 있으며 일반사람들은 대부분 모르고 극히 일부의 사람에게 비전으로 전해오고 있다.

음양은 우주를 구성하는 양대 원소로 물리학에서는 음은 물질(화이트홀), 양은 반물질(블랙홀)을 나타내는 것이며 이러한 우주의 운행이 바로 오행인 것이다. 오행은 木 火 土 金 水로 나타내며 바로 우리가 자연시간에 배운 수성, 금성, 화성, 목성, 토성 등 태양계를 배울 때 그리고 화요일, 수요일, 목요일, 금요일, 토요일 등 요일을 말할 때 정도로 가볍게 생각했으나 여기에는 상생과 상극의 철학이 숨어 있다.

동서남북을 사방이라 하고 중앙을 포함하면 오방이며 오방사이의 간방을 포함하면 우주는 십방 즉 시방 세계가 된다. 이때 동쪽의 의미는 시작을 의미한다. 해가 동쪽에 떠서 서쪽으로 기울며 달도 마찬가지로 동쪽에서 뜬다.

동東의 의미는 좌청룡으로 색깔로는 청색이며 오장으로는 간(혼이 살고 있는 집)에 해당된다. 인생으로 보면 유년기이며 계절은 봄을 의미하고 바로 나무에 잎이 나는 목木에 해당되는 것이다.

남南의 의미는 남주작으로 봉황을 뜻하는 화신火神이며 색깔로는 적색, 오장으로는 우리 몸의 가장 높은 곳에 위치한 심장을 의미한다. 인생에서는 청장년기에 해당되며 계절은 여름, 더운 불기운에 해당하는 화火에 해당한다.

서西의 의미는 우백호를 의미하며 색깔로는 백색을 의미한다. 오장에서는 폐와 대장을 의미하고 인생에서는 노년기에 해당되며 계절로는 가을, 서늘한 기운인 금金에 해당한다.

북北의 의미는 북 현무를 의미하며 검정색에 해당되며 오장 중, 가장 아래에 자리 잡은 신장을 나타내고 인생에서는 죽음을 의미한다. 따라서 북망산의 의미가 죽음이며 북쪽은 기가 센 곳이고 음택에 해당되며 오행에서는 수水를 의미한다.

중앙은 노란색을 의미한다. 중국의 자금성과 황제의 옷의 색깔이 노란색이 되는 이치와 같고 오장에서는 위장과 비장을 의미하고 오행은 토土에 해당된다.

이와 같이 우주에는 오행의 운행이 이루어지고 있으며 이것은 진리에 해당된다. 오행의 상생이론이란 목생화. 화생토. 토생금. 금생수. 수생목이고 상극은 금극목. 목극토, 토극수, 수극화, 화극금이다.

인생의 궁합이 바로 이러한 이치에 해당된다. 봄이 되면 나무가 점점 자라나게 되는데 이는 여름이 온다는 것을 의미한다. 이유는 목생화이기 때문이다.

가을이 깊어지면 겨울이 오는데 이는 금생수의 원리가 작용된다. 겨울이 깊어지면 봄이 오는데 마치 죽음 속에서 새 생명이 탄생되듯이 이는 수생목의 상생 기운 때문이다. 그러나 여기에서 한 가지 계절이 문제가 된다. 바로 가을이다. 여름은 화기운 때문에 가을이 올 수가 없다 화극금이 되기 때문이다. 만약에 가을이 오게 되면 무성했던 나무들은 금극목의 상극원리로 모두 말라 죽기 때문이다.

일 년 중 밤이 가장 긴 날이 동지이며 낮이 가장 긴 날이 하지이다. 밤과 낮의 길이가 같은 날이 춘분과 추분이며 이렇게 1년을 네 개로 나누고 이를 다시 세부적으로 나누게 될 때 이를 24절기 라고 한다.

초복은 바로 낮이 가장 긴 날로 부터 세 번째 경일庚日날로 경의 의미가 금을 나타내기 때문에 가을이 오지 못하게 화극금으로 초복을 두었으며 다음 경일에 다시 중복을 두어 가을이 기를 못 피도록 한 것이다. 그러나 화기운이 극에 달아 화의 기운이 빠질 즈음 입추가 옴으로써 가을이 다시 고개를 들게 된다.

따라서 입추가 지나자마자 첫 번 경일에 초복을 두게 되었고 만약에 입추 전에 세 번째 경일이 올 경우 입추가 지나는 경일이 월복이 된다. 복과 복 사이는 초복과 말복 사이가 20일이 되며 월복의 경우는 30일이 되는 것이다.

이제 가을은 문턱에 와 있으며 금기운이 일어나면 지금까지 푸르렀던 나무는 잎이 마르는 죽음의 금극목이 될 것이다. 이러한 자연의 섭리와 이치 앞에서 그만 고개가 숙여지며 정신적으로도 삼복의 의미를 아는 뜻 깊은 날이 되었으면 한다.

등산의 본질

산이란 무엇인가?

산이란 이 세상에서 가장 높고 아름다운 기운의 결정체가 아닌가?

우리 대한민국은 정말 복 받은 민족

금수강산 한겨레 한배달의 자손

오천년 단일의 유구한 역사 속에서 주변 강대국의

수많은 외침 속에서 우리를 지킨 힘의 원동력은 무엇인가?

한 예로 중국은 남한의 94배, 남북한의 43배의 면적과 25배의

인구를 갖고도 한국을 왜 없애지 못했을까?

정답은 바로 우리나라 산에서 찾아야 된다.

바로 이 산이 우리 가까이 있다는 사실을 요즈음 깨달았으니

아니 그것도 지천명이 되어 천명이 무엇인가 생각하다가

서울은 천 년 전에 이미 북한산의 한북정맥의 지기와

한강의 수기 아래 한강 남쪽인 지금의 하남시 춘궁동

그야말로 동쪽인 봄의 궁궐을 짓고 하남 위례성과

백제 시작 이후 고구려의 아차산과

조선 오백년의 한양도성과 북한산성이 있으니..

최소한 주말에 한 번은 산에 아니 오를 수 있겠나?

요즈음은 가끔 혼자, 아니면 산사랑과 아니면

몇몇 산을 좋아하는 친구와 같이 산에 오르고 있다.

물론 골프도 좋고 조깅 수영 자전거 헬스도

좋을 수도 있지만 등산에 비할 수 있나?

땀을 흘리고 시원한 막걸리와 호프에 정말 천당이 따로 있나?

전에는 직업상 국내 여행을 좋아하다보니 나름대로 많이 다녔네요.

몇 군데 예를 들면 강릉 굴산사지, 원주 법천사지, 거돈사지, 남원 만복사지, 여주 고달사지, 덕정 회암사지, 서산 보원사지, 보령 성주사지, 경주 감은사지, 황룡사지, 속초 단속사지 등 전국의 많은 절터 그리고 읍 단위 이상의 유명한 장소 등 정말로 많이 다녔는데 요즈음 100대 명산 등 새로운 등산에 심취해 있네요. 정말 새로운 인생의 시작이라고나 할까?

노력하여 보다 많은 산을 향하여 산을 통해서 많은 것을 배우고 있기에 행복하게 생각하며
그동안 산에 눈을 뜨게 해준 친구와 동료들께 많은 고마움을 표시하며

삼성三聖의 의미

하늘은 태초의 시작이라 하나(1)이며 하나님(진리는 하나 신도 하나) 아버지를 뜻하는 양수(홀수)이며, 땅은 만물의 근원인 하느님(한울님: 우주) 어머니를 뜻하는 음수(2)짝수, 하늘과 땅 사이에 서 있으니 사람 즉 천지인天地人 바로 삼성三聖인 것이다.

예로부터 요령 / 홍산 / 발해문명인 세계 4대 문명의 시초 문명, 바로 9천 년 전에 환인께서 세우신 배달의 겨레... 환인과 환웅, 단군을 이름하여 삼성이라 한다. 우리 조상들은 수천 년간 삼성각을 지어 지성으로 모셨는바 고구려 소수림왕 372년 불교가 이 땅에 국교로 될 때 사찰에 삼성각을 세우니 지금의 삼성각은 산신, 칠성, 독성을 이른다. 산신은 주산의 신령으로 산의 임자이며 조상신이고, 북두칠성은 자식을 점지해주고 독성은 부처16성 중 나반존자로 흰 눈썹의 소유자라 우리 조상님들은 대웅전보다 높은 삼성각에 예를 표해왔다.

629m 한남정맥의 화산인 관악산에 477m의 영험한 삼성산이 있으니 원효, 의상, 윤필 등은 일막, 이막, 삼막의 토굴 속에서 영험의 도를 깨친 영험한 산에 올랐다. 따라서 현재 삼막사가 바로 뒤 주봉인 깃대봉(477m), 삼성산(456m), 국기봉(446m)의 삼성산에 세 막을 치고 수도하다가 그곳에 절을 짓고 삼막사라 하였다.

가치

우리는 나에게 가치 있는 사람에게 연락하게 된다.

나에게 연락 오는 사람은

내가 어느 정도 가치 있다고 생각하기 때문에 연락하는 것이다.

따라서 내가 가치가 떨어지거나

별로 가치 있을 것이 없다고 생각하면 연락이 안 오게 된다.

어쩔 수 없는 세상 이치다.

내가 바로 그러한 행동을 하기 때문에 받는 대가라고 할 수 있다.

결국은 내가 가치가 있는 사람이 되는 길 밖에 없다

전화나 연락을 기다리지 않는데도

보험 권유나 여론조사·상품구매·전화 등은

나의 가치가 있을 것으로 판단하기 때문이다.

우리는 현재 누구를 가치 있다고 보며

누구에게 연락하고 있는가?

5잘의 의미

건강은 5가지가 잘되어 선순환이 되어야 한다.

오행이 상생되어야 가능하다.

잘 먹고(위장)

잘 싸고(대장)

잘 닦고(신장)

잘 자고(간장)

잘 놀고(심장)

이렇게 선순환이 되어야 건강하다.

잘 노는 것은 일을 잘 하는 것과 일맥상통이며

잘 닦는 다는 것은 목욕과 휴식, 즉 쉬는 것이다

잘 쉬어야 잠을 잘 이룰 수 있으며 우리의 혼이 간에서 잘 잘 수 있다.

그러나 잘못자면 잘 놀지 못하고, 잘 먹지 못하고 잘 배설이 안 되면

건강을 잃게 되고 상극이 된다.

따라서 상생이 중요하다.

화(심장) 수(신장) 목(간장) 금(대장) 토(위장)

오늘도 상생하는 하루를 기원하면서

화전리 사면 석불에 홀로 서니

향긋한 꽃내음과 싱그러운 솔향기

천년의 세월을 거슬러

오랜 풍상과 부서지고

상처 입은 모습에도

옷 주름 모양이 마치

이제 갓 입은 듯한 아름다운

백제 보살의 모습을 간직하고 있는

보물중의 보물

경희궁의 여름 오후

흥화문에서 숭정전 바라보니

속이 빈 느티나무

벗이 된다

매미소리 슬피 우니

복이 깊어 가는데

녹음 짙어 고요한 벤치 옆에

고양이 한 마리

나무 위에 까치는 무슨 생각

자정전 서암 설명에

시간가는 줄 모르고

아무도 없는 북 알프스

시로마다께白馬山 능선에서

야리아다께로 혼자서 욕심내어

가는 태곳적 신비의 알프스

경의와 엄숙함 외로움과

약간의 두려움마저 느끼며 많은 감회가 떠오른다.

열심히 살아온 목적 또한 다르지 않다.

푸른 하늘과 뭉게구름 시릴 정도 축복받은 날씨

나의 체력과 정신력의 도전 등

많은 생각과 상념들이 주마등처럼 스친다.

오고 싶어 했던 친구의 죽음

그리고 오늘 다른 친구의 발인

너무 가슴 아프다.

시간은 무수히 지나가고

많은 사연 속에 다시 산행을 또 도전한다.

아모르 강에서

아득한 먼 옛날 우리 선조의
기상과 웅혼이 용솟는 수평선
저 멀리 백사장 끝없는
물결 일렁이는 아모르

서서히 움직이는
물결의 회오리 속에
비춰지는 햇살과 쾌속선
마음의 고향 고조선의
면면히 흐르는 기상
아, 조선의 숨결이여.

봄비

떨어지네. 하염없이 빗방울이

소리치네. 요란하게 빗방울이

흩어지네. 사방으로 빗방울이

태곳적 신비의 귀향

태곳적 신비의 모래바람

한없이 펼쳐진 너른 백사장

아스라이 부서지는 파도

썰물이 빚어낸 광활한 지평선

시간과 공간이 멈추는

고요한 순간과 침묵

나, 거기 있었네.

나무

지금 나무를 심지 않으면

3년 후 열매를 딸 수가 없다.

물론 열리지 않을 수 있다.

그러나 심지 않으면

영원히 열매는 없으며

심으면 딸 수 있다.

지금 꿈을 꾸지 않으면

이를 수 없기 때문에

미래에 바라는 좋은 꿈을 꾸어야 한다.

인생

청산과 창공

사랑과 미움

성냄과 탐욕

그리고 산과 물

물같이 바람같이

그물에도 걸리지 않고

자유롭게

진정한 성공과 행복

몸에 병이 없고 집에 빚이 없으면

최고의 행복이며

동창회나 송년회에

참석할 수 있으면 성공한 인생이다.

몸이 아프거나 집에 우환이 있거나

회비를 낼 능력이 없으면

참석할 수

없기 때문이다.

이제 년말 모임이 많은 시기이다.

자주 참석하여 존재의 이유와

삶의 의미를 되새기고

보람을 찾기를 기원하며

어머니

세월이 정말 빠르네요.

벌써 제가 지천명이 되었으니.

어머니는

어느덧 할머니가 되셨으니.

더구나 50년 넘게 아버님과 같이 계시더니

이제는 혼자되셨고

대학 다닐 때가 엊그제 같은데

그때 어머니는 40대이셨으니

저보다도 10년은 젊으셨는데

벌써 할머니가 되셨으니.

어머니 건강하시고

맛있는 것 많이 드세요

자식 걱정 그만하시고

마음만 있고 불효를 하고 있으니

어버이날을 맞아

분별

선과 악, 좋고 그름

음과 양, 부자와 가난

건강과 질병, 행복과 불행

좋은 냄새와 나쁜 냄새

분명히 분별이 있네!

좋은 냄새는 꽃향기, 깨 볶음, 고기 굽는 내, 화장품, 어린애 향, 산과 수풀 내...

나쁜 냄새는 썩는 내, 구린내, 지린내, 매연, 노린내, 비린내...

인생은 좋은 냄새에서 시작하여 나쁜 냄새로 이동되고

계속되면 죽음으로..

냄새는 분명히 분별이 있네!

어떻게 하면 나쁜 냄새를 좋은 냄새로 만들까...

아니면 냄새의 분별이 없는 무취 상태를 만들어

분별이 없는 경지로 가야하는데!

무소유

바로 앞에서

입든 옷 그대로 수의도 안 입은 채

장삼자락을 홑이불로 덮고 떠나시는 걸

노숙자도 수의와 관은 있었을 텐데

이마저도 없이

돌아갈 때는 아무것도 가져 갈 수 없다는 것을

길상사에서

과거 현재 미래

우리는 무엇을 바라고 있는가?

과거는 우정, 현재는 사랑

그리고 미래는 행복일 것이다.

이를 달성하기 위해서는

과거는 인정, 현재는 칭찬,

미래는 격려이다.

우리는 자신을 인정해주거나

칭찬하고 격려해주는

사람에게 모든 것을

바친다.

여러분 모두 칭찬하고

사랑합니다.